蔡东藩

少年中华史

明史

蔡东藩 ◎ 著
文斐 ◎ 改写

中国画报出版社·北京

图书在版编目（CIP）数据

蔡东藩少年中华史. 明史 / 蔡东藩著；文斐改写. -- 北京：中国画报出版社，2025.4
ISBN 978-7-5146-2408-3

Ⅰ.①蔡… Ⅱ.①蔡… ②文… Ⅲ.①中国历史－明代－少年读物 Ⅳ.①K209

中国国家版本馆CIP数据核字(2024)第073468号

蔡东藩少年中华史　明史

蔡东藩　著　　文斐　改写

出 版 人：方允仲
责任编辑：程新蕾
责任印制：焦　洋

出版发行：中国画报出版社
地　　址：中国北京市海淀区车公庄西路33号　邮　编：100048
发 行 部：010-88417418　010-68414683（传真）
总编室兼传真：010-88417359　版权部：010-88417359

开　本：32开（880mm×1230mm）
印　张：7.75
字　数：171千字
版　次：2025年4月第1版　2025年4月第1次印刷
印　刷：三河市天润建兴印务有限公司
书　号：ISBN 978-7-5146-2408-3
定　价：58.00元

编者说明

Editor's Note

蔡东藩写的历朝史演义，总共有十一部，囊括了前汉、后汉、两晋、南北朝、唐朝、五代、宋朝、元朝、明朝、清朝、民国的重要历史事件。这十一部历史演义组合起来，形成了浩瀚而通俗的中华通史，为普及中国历史知识作出了不可磨灭的贡献，他也因此成为当时最知名的历史学家之一，被誉为"一代史家，千秋神笔"。

蔡东藩写的历史演义小说，名为"演义"，但由于他主张尊重历史事实，在写作过程中废寝忘食地搜集历史资料，所以书中的历史故事大都有比较明确的史料来源。不过，读者们还是需要明白：既然蔡东藩写的是"演义"，那么在行文之时就难免会有一些小说化的处理方式，如臆测人物的心理活动、引用一些更加吸引眼球的野史说法、加入自己的主观判断等，所以，我们在阅读时，一定要加以甄别。

另外，本书中许多主观上的评述，其观念未能摆脱作者所处时代的影响，是陈旧的、迂腐的，如对"红颜误国"的错误认识，对农民起义的抹黑评价，对民族交流的负面意见等。这部分内容是需要摒弃的，这也是本书编写过程中的一项重要工作。

除了剔除糟粕，在编写本书时，我们对内容进行了科学的缩编。要知道，蔡东藩的十一部历史演义，原文有七百万字之多，虽然内容引人入胜、人物刻画生动，但是如果给孩子读的话，篇幅还是太长。我们力求在保留原著特色的前提下，对蔡东藩原著进行了缩写、改编，让它更容易被孩子们所接受，更符合孩子的阅读习惯。因此，它是一套特别适合给孩子看的历史普及类读物，希望我们的小读者能从中找到阅读的乐趣，了解泱泱中华数千年来走过的风雨历程。

明史

蔡东藩
少年中华史

001 ...	一个乞丐的发家史
007 ...	在斗争中逐渐壮大
011 ...	奠定大明的根基
015 ...	两个绊脚石
020 ...	大明第一谋士
024 ...	与陈友谅的决战
028 ...	张士诚的末日
032 ...	洪武大帝定都南京
037 ...	西取四川，北剿余孽
041 ...	明初第一大案：胡惟庸案
046 ...	马皇后病逝
051 ...	建文帝削藩引不满
056 ...	朱棣造反终成皇
060 ...	第一个被灭十族的人
065 ...	郑和下西洋
069 ...	外固边疆，内安东宫
072 ...	生于战场、死于战场的皇帝

目录 Contents

- 078 ... 朱高煦贼心不死
- 083 ... 后宫风云
- 087 ... 土木堡之变
- 092 ... 粉身碎骨都不怕
- 097 ... 重归帝位
- 101 ... 于少保魂断冤狱
- 106 ... 令人毛骨悚然的西厂
- 110 ... 阴冷后宫中的一丝温情
- 115 ... 朱祐樘的一生
- 120 ... 权势滔天的刘瑾
- 126 ... 贪玩的朱厚照
- 130 ... 总督军务威武大将军
- 135 ... 宁王叛乱
- 139 ... 一代儒将王守仁
- 144 ... 贪玩皇帝的陨落
- 150 ... 宫廷辩礼
- 155 ... 道教皇宫

明史

蔡东藩
少年中华史

159 ... 大奸臣严嵩成名史
164 ... 杨继盛舍生取义
169 ... 赵文华搬起石头砸自己的脚
174 ... 一代海贼王的陨落
178 ... 盛极必衰
184 ... 戚继光抗倭
190 ... 带棺上疏
194 ... 高拱与张居正的明争暗斗
199 ... 张居正的万历新政
203 ... 立储风波
207 ... 三案（上）
211 ... 三案（下）
217 ... 客、魏祸乱朝纲
221 ... 内忧外患
225 ... 魏党盛极必衰
230 ... 含冤而死的袁崇焕
234 ... 闯王势不可当
239 ... 王朝终结

一个乞丐的发家史

话说元朝末年,当时的天下可谓天灾人祸,内忧外患。

元顺帝整日热衷于淫乐,昏庸无能,几乎把所有的军国大事都撇在脑后。朝堂之上,奸臣横行,一手遮天,忠良却死得不明不白,老百姓的生活更是苦不堪言。于是,群雄逐鹿,人人都想当皇帝,各路义军四起。整个元朝处在一片动荡之中。

就在这个时候,朱元璋在濠州出生了。

朱元璋的父亲叫朱世珍。在朱元璋出生前,朱家已经有了三个儿子。朱元璋身材魁梧,奇骨贯顶,很受父母的宠爱。

朱家孩子多,又碰上荒年,所以单靠朱世珍一人,常常入不敷出,朱家人只能在忍饥挨饿中勉强度日。无奈之下,朱家父亲只好让三个比较大的孩子出去做佣工,家里只剩下年幼的朱元璋。无所事事的朱元璋常常跑到家附近的皇觉寺玩耍。寺里的长老见他聪明伶俐,就随意教授了他一些文字。没想到,聪明的朱元璋竟能对这些文字过目不忘,到了十岁左右,就通晓了大半。

转眼就到了元顺帝至正四年(1344),濠泗地区先是大闹饥荒,又发生了瘟疫。朱世珍夫妇相继生病逝世,朱元璋的大哥朱镇也得瘟疫死了。家里一贫如洗，连买棺材的钱都没有，他们被草席卷着就草草下葬了。

没过多久，朱元璋的二哥和三哥相继染上瘟疫去世了，只剩下嫂子和孩子几个人终日以泪洗面。此时的朱元璋已经十七岁，可没有什么谋生的手艺。看到一贫如洗的家，他觉得还不如出家当和尚，于是便悄悄地到皇觉寺当起了和尚。

寺里有长老在，他的日子还算好过，但不久长老去世了，寺里的其他和尚很看不起他，常常欺负他，白天不叫他吃饭，晚上也不给他留门。一段时间后，朱元璋实在熬不住了，只好另想出路，打算带上被子和钵盂到处化缘。一路上，他吃了不少苦。

他靠着化缘讨饭勉强熬过三年多的日子。后来，兜兜转转，他又回到了皇觉寺，没想到寺庙到处是蜘蛛网，破败不堪。出门一打听，他才知道这些年哪儿都是兵荒马乱，这里的和尚早就散了。朱元璋暂时留在寺庙中当了住持。

至正十二年（1352）春，定远人郭子兴和党羽孙德崖等人起兵于濠州。元朝大将彻里不花奉命讨伐他们，但背地里却不敢攻打叛军，反而靠着四处捉拿普通百姓来报功邀赏。老百姓各自逃亡，一座座村落变为废墟。

朱元璋见邻近村民多半逃亡，不自觉地担忧起来。他左思右想，决定回到佛殿里焚香卜卦，没想到得了要去军营当兵的卦，便直奔濠州投奔郭子兴去了。

朱元璋靠着一身正气冲进了郭子兴元帅的大营，全凭一腔热血投靠在郭子兴的帐下，成了一名亲兵。

一个乞丐的发家史

郭子兴元帅十分器重朱元璋，每逢征战，都要他跟随。朱元璋对此非常感激，立志好好报答郭子兴的收留之恩。所以，不管遇到什么样的强敌，他总是奋不顾身地冲锋陷阵。久而久之，朱元璋也立下了不少战功。

一天，郭子兴与妻子张氏闲谈，没承想妻子张氏对朱元璋也很是赞赏，认为朱元璋气质不凡，将来肯定会有一番建树，应该对他施以厚恩。夫妻俩一合计，决定把义女马氏嫁给朱元璋，一可笼络其忠心效力，二又让义女有了着落，一举两得。

第二天，郭子兴就对朱元璋说了婚嫁的意思，朱元璋当然乐意。

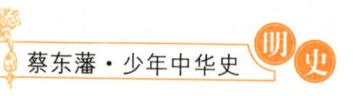

郭子兴便立即选择良辰吉日准备让二人行礼。

他做主在城里设了一处馆驿，让朱元璋在那里待婚，并为其大摆宴席，热闹了两三天。礼成之后，郭子兴便与朱元璋以翁婿相称，其他人也对朱元璋另眼看待，改称他为朱公子。

但是郭子兴的两个儿子却不这样认为，他们嫌弃朱元璋出身微贱，还和自己兄弟相称，心中不平，总是找机会在郭子兴面前讲朱元璋的坏话，令郭子兴对朱元璋逐渐有了猜疑。

在一次关于军事问题的探讨中，朱元璋还像以前那般口无遮拦，惹怒了郭子兴却不自知，郭子兴一怒之下就把朱元璋关进了大牢。他的两个儿子见此，便想借机除掉朱元璋，暗中吩咐厨师不要给朱元璋送吃的。幸好朱元璋的妻子马氏跑到张氏面前诉苦，才帮朱元璋化险为夷。

几天之后，徐州被元军收复，李二兵败逃走，彭大和赵均用率领手下前来投奔郭子兴。郭子兴打开城门迎客，与二人聊得也颇为融洽。没想到，不久，元军便打到了郭子兴的城下。正当郭子兴不知如何是好时，朱元璋建议郭子兴不如等元军锐气渐衰之后再出奇制胜。但彭大和赵均用却说自己愿意助其一臂之力，认为郭子兴应该挫挫元军的锐气，给他们一个下马威。郭子兴一听便很高兴地答应下来，决定与元军厮杀。

没想到元军迅猛冲杀上来，郭子兴的部队不管怎样抵抗还是挡不住，而彭、赵的部队又忽然移动，退入城中，霎时间牵动整个军心，搞得阵脚大乱。郭子兴骑马往回逃，元军乘势攻上来准备夺城。幸亏朱元璋带领手下拼死抵抗，又领兵昼夜守城，才保住了城池。

彭大和赵均用都不是省心的主。回到城里后，彭大便把过错都推到赵均用的身上。郭子兴信以为真，开始冷落赵均用，赵均用也因此心生不满。正巧郭子兴的部下孙德崖领兵支援濠州，解围入城后，孙德崖主战，郭子兴主和，二人意见不一，争执不下。赵均用便趁机勾结孙德崖，打算除掉郭子兴，改拥孙德崖为元帅。朱元璋一心留意防守城池，没有察觉到二人的密谋。

一天傍晚，朱元璋突然接到张氏的密信，才知道郭子兴已经被赵、孙二人骗出去，生死未卜。他急召亲兵赶往孙家营救郭子兴。朱元璋一马当先闯进孙家大门时，孙德崖与赵均用还在密谋，防他不及。彭大也率兵赶来。经过一番搜查，他们终于在一间密室中找到了被铁链锁着的郭子兴。

朱元璋救出郭子兴后，继续守着城门。这时元军统帅贾鲁突患急病，且日益加重，元军的进攻开始松懈。第二年，贾鲁病死，元军群龙无首，只好先撤退。虽然元军撤退了，但是郭子兴的兵士也多半受伤，朱元璋就建议郭子兴招募新兵来充实队伍。郭子兴应允并委派朱元璋来办理这件事。

朱元璋马上回到家乡募集了七百名士卒，其中二十四人能文能武。招募结束后，郭子兴便委派朱元璋做这七百人的镇抚官。

被招募的人中有个叫徐达的，对朱元璋很是尊敬。一天夜里，他见左右无人，便建议朱元璋，要想成大事，就应该去别的地方自立门户，还献上了脱身之法。朱元璋内心明了，觉得徐达说的没错，但苦于羽翼未丰。徐达的话使朱元璋暗下决心，他听从了徐达的建议，只带着招募的二十几个能文能武的人整装去了郭元帅的老家定远。

蔡公曰 投军为明祖奋迹之始，成婚为明祖得助之始，救郭子兴为明祖报绩之始，募兵七百，得英材二十四，为明祖进贤之始，逐层写来，有声有色。他若郭子兴之庸柔，孙德崖之贪戾，彭大之粗豪，赵均用之刁狡，皆为明祖一人反射。

在斗争中逐渐壮大

朱元璋带着徐达、汤和等二十余人简单整装便南下收复定远了。到了定远，他了解到附近有个叫张家堡的地方，那里的"驴牌寨"驻扎着不少兵马，但因寨中缺粮，正犹豫要不要投降。

朱元璋听说后很高兴，派费聚几人前去招降。不承想，招降之路并没有那么顺利。寨主已经答应三日后归顺，不料中途又变卦。幸好

朱元璋早有准备，提前招募了三百多名兵士，并把士兵藏在米袋里冒称军粮，使计擒住了寨主，又下令放火攻营。寨里的士兵无处可逃，朱元璋成功地将他们收编。

就在朱元璋收编兵士时，又有消息传来，横涧山旁另一个山寨的秦把头也领着部下前来归顺。朱元璋现在可谓人多势众，声威大震。定远人冯国用、冯国胜兄弟也率众前来投奔，这二人穿着得体，温文尔雅。朱元璋很敬重他们，留下他俩做谋士。在他俩的建议下，他决定立军纪，倡仁义，领兵南征。

在起兵向滁阳进发的路上，朱元璋又得到了举止不凡的李善长。李善长让朱元璋效仿汉高祖刘邦，心胸豁达、知人善任，不滥杀无辜，这样定能平定天下。朱元璋听后异常高兴，请李善长留在身边担任书记，同时将筹备粮草供给的事宜交给了他。

朱元璋命花云为先锋官，一路杀到滁阳城下。城中守军早就被吓跑了，连来城中抢东西的土匪也一并被肃清。朱元璋进城后，遇到了失散的侄子朱文正、外甥李文忠和自己在濠州收养的义子沐英。

朱元璋安排将领们四处征战。这时捷报频传，部下一举攻陷铁佛岗，拿下三汊河口，还收复了全椒、大柳等地。

正当朱元璋得意扬扬之时，突然泗州有差官传令，说是郭元帅命令朱元璋守卫盱眙。朱元璋很快就识破了这是彭、赵二人的奸计，并不理会。

朱元璋常常派人去泗州打探消息，不久就得知彭大的部下全被赵均用吞并的消息。他觉得郭元帅的处境更加危险，于是写了一封信威慑赵均用，还使计谋贿赂了赵均用手下，成功地将郭子兴及其家人接来滁州。

朱元璋毫不保留地请郭子兴做了滁州王，所有部下归郭子兴指挥。没想到一个月后，郭子兴突然变脸，不再与朱元璋亲近，还把朱元璋的亲信都收罗了去，连李善长也差点儿被召走。后来，朱元璋便小心翼翼地与郭子兴相处。

二人的间隙和猜疑越来越深，流言也越来越多。即使朱元璋打了胜仗，郭子兴也只是敷衍两句。朱元璋很是不解，在妻子马氏的开导下，才知晓是郭子兴气他没有献上出征缴获来的金银。朱元璋很是委屈，说自己并未缴获金银。第二天，马氏便把自己积攒的金银亲自送给义母张氏，这才让郭子兴消除了对二人的猜疑。

过了几天，郭子兴的两个儿子又请朱元璋出城赴宴。原本二人想加害朱元璋，没想到朱元璋中途便看到神明指示，知道二人要下毒加害于他，就调转马头回去了，吓得二人以为真有神明助他，从此不敢再加害于他。翁婿郎舅都很和睦，滁阳城更加巩固。

一天，门卒报告说濠州的主帅孙德崖来和阳借粮。朱元璋答应了他，没想到郭子兴和孙德崖有仇，亲自率领大军来和阳捉拿孙德崖。朱元璋听说后左右为难，便亲自护送孙德崖离开。

回来后，郭子兴勃然大怒，但朱元璋却说孙德崖虽然得罪了他，但自己和孙德崖毕竟是患难之交，不应当断绝关系。无可奈何的郭子兴回去之后，气愤难耐，竟然得了肝病，水米不进，没过几天，就一命呜呼了。

朱元璋连夜赶回滁州服丧哀悼。郭子兴的部下见他这么忠义，就推举他做大王。朱元璋一再推辞，众人都不答应，他只好勉强答应暂且做统帅。

孙德崖返回濠州后，不曾感谢朱元璋一丝一毫，还埋怨他表面答应借粮，背地却使坏，现在还擅自做了统帅。孙德崖的部将吴通便献上了"鸿门宴"的计谋，想要诛杀朱元璋。

朱元璋听说后，挑选一千名壮士，由徐达、胡大海带领，跟在后面，自己则和吴祯骑马前去。到了孙德崖的帐下，二人寒暄几句后，孙德崖吩咐开宴。没说两句，孙德崖便让朱元璋交出统帅的位置，朱元璋不答应。孙德崖大喝一声，其部下全部冲出来，要对朱元璋下手。

> **蔡公曰** 昔周武有十乱而得天下，邑姜与焉。先圣叹为才难，才固难矣，愚意则更有进者，自古帝王崛起，有外辅，尤须有内助。邑姜之功，不亚周召，故武王宣誓，独厕邑姜于十乱之列，非十乱以外，必无才彦，不过德有大小，功有巨细，举十乱，可以概余子耳。若明祖朱元璋之南略定滁，外得徐汤诸人以为之佐，犹之周召也，而内则全资马氏，马氏亦一邑姜欤？

奠定大明的根基

宴会上,在朱元璋喝酒喝得正高兴时,孙德崖一声令下,要派人刺杀他。说时迟,那时快,就在这千钧一发的时刻,跟着朱元璋一起来的吴祯急中生智,冲过去把孙德崖抓住当人质。

这下可把孙德崖吓坏了,他当时就颤抖着声音求饶。孙德崖的手下也害怕他受到伤害,不敢再上前击杀朱元璋。吴祯抑扬顿挫地质问道:"你之前遇到灾荒求助的时候,我家主帅诚心诚意地对待你,你现在竟然敢恩将仇报,摆鸿门宴……像你这样阴险狡诈的人,是不可能让人信服的,将士们不会相信你了。"大家听了,都觉得他说的话有道理。

孙德崖没有办法,只好答应吴祯放了朱元璋,同时要求吴祯放了自己。没想到,在交换人质的时候,跟着朱元璋一起来的胡大海气不过,觉得孙德崖这个人不能留,留着他就是一个祸患,手起刀落把他给杀了。

这下可惹火了孙德崖的手下吴通等人,他们立马下令跟吴祯打了起来。最终,在大队人马的接应下,朱元璋不仅打败了吴通,还收服了濠州。濠州城的军队没有办法,只好向他们投降。

大获全胜后，朱元璋在濠州住了几天，做好排兵布阵后就回了和阳。没想到，刚回去不久，他们就收到了亳州的檄文。让他感到奇怪的是，檄文上写的是大宋元年，还说自己是左副元帅。

他向身边的张天佑询问，张天佑告诉他："有一个叫刘福通的，现在在亳州拥立韩林儿为王，他们送来这个檄文，应该是想让我们归顺他们。"朱元璋一听就不干了，大丈夫怎能心甘情愿居于人下？可是张天佑告诫他，韩林儿说自己是宋朝后裔，又有刘福通帮助他，现在他们占据中原的地界，实力很强，您可不能轻视他们，可以先假装跟他们取得联系，免得他们为难我们。朱元璋觉得他说的话有道理，就向来使表达了感谢。

不久，胡大海向朱元璋引荐了一个叫邓有德的同乡。朱元璋给他改了名字叫邓愈，还任命他为管军总管。后来，又有一个叫常遇春的怀远人投靠朱元璋，朱元璋看出他是一个不可多得的人才，就留下了他。常遇春也没有让朱元璋失望。

一次，朱元璋募集商船运输士兵以攻打元兵，本来万里无云的天空，瞬间乌云密布，大雨滂沱，河水暴涨。这对朱元璋来说十分有利，因为他最擅长的是训练水兵，碰见这种天气只想感叹一句："真的是天助我也！"朱元璋趁着江中涨水，将元将蛮子海牙的部下打得大败，又抢走了他们很多兵器。

仲夏的天气说变就变，不一会儿，雨停了。来不及欣赏雨后初晴的好风光，朱元璋站在船上观察四处的地势。廖永安问他："接下来咱们去哪里呢？"朱元璋说："我刚刚看到陆地上有一个叫采石矶的地方，地势十分险要，自古以来就是兵家必争之地，但是想要攻下采石矶，就要先攻牛渚矶，它可是个大麻烦。"

幸运的是，牛渚矶没有驻守很多士兵。常遇春率先带领大家攻击，把已有士兵全部射杀。牛渚矶的难题在常遇春的勇猛攻击下迅速解决，这让朱元璋眼前一亮。

常遇春带给朱元璋的惊喜还不止于此，他的才能在采石矶一战中发挥得淋漓尽致。攻占牛渚矶后，朱元璋开始谋划攻打采石矶。采石矶比江面还要高出一丈多，肉眼可见元兵数量非常多，远远看上去就像一只只蚂蚁。这可愁坏了朱元璋。他感到十分沮丧，不知道该怎么办才好。

在他一筹莫展的时候，常遇春左手拿着盾，右手拿着枪，没有丝毫畏惧，直接冲进敌人堆中，奋力厮杀。他的这一勇猛行为让朱元璋

的队伍士气大涨，郭英、胡大海等人立即跟着他，冲进敌军阵营，杀死了许多元兵。元兵首领蛮子海牙也在采石矶上亲眼目睹了这一剧变，他怎么也没想到刚刚他们还占优势，转眼之间就成了劣势的一方，只好仓促逃走了。

如此一来，兵家必争之地采石矶也被朱元璋攻占。他大喜过望，同时也意识到了常遇春的勇敢果断和高超武艺，当场册封他为先锋。采石矶一战震慑了沿江的许多寨子，大家纷纷投降，朱元璋的势力越来越大。

在招揽了许多优秀的人才之后，朱元璋更加尽心尽力地操练水兵，最终攻破金陵。

> **蔡公曰** 自朱元璋投营起义，所有举动，未免以智术服人，然犹不失为王者气象。惟用韩林儿年号，为一生之大误。林儿姓韩不姓赵，何得诡称宋裔，且宋亡久矣，豪杰应运而兴，当迈迹自身，何用凭借？厥后有瓜步之沈，近于弒主，始基不慎，贻玷终身，可胜慨欤！至若常遇春之力拔采石矶，为渡江时第一大功，元璋即授任先锋，既足报功，尤得践信，于此可见其能用人，于此可见其能立业。

两个绊脚石

攻破金陵城后，朱元璋安抚好城中百姓，告诉他们元朝伤害大家这么久，他到这里是为了帮百姓除掉这个祸害，并不会伤害他们。如果有人愿意跟着他立功，他一定会重用这些人；如果旧制度有什么不好，百姓可以告诉他，他会听从百姓的意见将其废除。

听了他的这些话，百姓和各地的士兵纷纷向他臣服，各地的能人异士都来投奔他。不久，朱元璋就带领军队攻占了镇江、金坛、丹阳和广德路等地。这下朱元璋可算威名大涨。大家都劝他自称为王，朱元璋却认为自己的能力还不够，于是自称吴国公。他还设置了江南等处行中书省、参议、左右司郎、中员外郎都事等官，把政务处理得井井有条。大明朝的雏形在这里已经显现。

但是天不遂人愿，朱元璋的发展并没有想象中的那么顺利。随后，朱元璋就碰到了阻碍他势力发展的一个绊脚石——张士诚。朱元璋收降过一个叫陈保二的义军首领，没想到这个人后来背叛了他，投奔了张士诚。

这时，张士诚已经一连攻陷平江、松江、湖州、常州，又收降了蛮子海牙的遗兵，算是名声大噪的一位好汉。

陈保二不仅自己背叛朱元璋，还劫持了两名守卫的将军。朱元璋收到消息后，担心两名将军的安危，只能主动与张士诚交好，企图救回两名守将。没想到张士诚看了他的交好信后十分生气，还扣留了使者，随后派兵攻打镇江。

朱元璋没有想到张士诚脾气这么不好，急忙派徐达防御镇江。张士诚被徐达打败后，不仅没有退兵，反而直接带领士兵偷袭宜兴。宜兴的守将没有准备，城陷身亡。朱元璋这下才算见识到了张士诚的诡计多端。

他对徐达说："既然张士诚已经公开与我为敌，还大张旗鼓地偷袭宜兴，可见他是一个志向远大的人，可能下一步就要攻打常州了，我们赶紧抢占先机，守住常州。"

徐达到达常州以后，迅速部署作战计划。他先是让精兵强将后退十八里，设下埋伏，然后自己带着弱一点儿的兵到前方与张士诚的队伍交战。张士诚派来的两位将军看到徐达的士兵都是老弱病残，就嘲笑他们说："这是什么乌合之众？都说朱元璋用兵如神，我看也不过如此！"

他们没有丝毫怀疑地追了十几里。没想到，这时两边忽然冲出几路精兵强将，直接把他们打得落花流水。刚刚还在嘲笑朱元璋的两位将军，转眼就被擒获了。

这下张士诚算见识到了朱元璋的厉害，只好派使臣前去求和，说自己愿意每年送给朱元璋二十万石军粮、五百两黄金和三百两白银。朱元璋让使臣回去告诉他，既然他事先轻易挑衅，那么想和我们交好的话，就放回我们的两个将军，同时每年缴纳五十万石军粮。

两个绊脚石

过了十几天,仍然没有收到张士诚的消息。让朱元璋万万没想到的是,张士诚狡猾如斯,在这段时间竟趁机攻打了镇江附近的牛塘,不仅没有给承诺的五十万石军粮,也没有释放两位将军。这可把朱元璋气坏了。他派徐达去攻打常州。徐达和耿炳文的一番厮杀之后,徐达攻占常州,给了张士诚一个下马威。

除了张士诚以外,陈友谅也是阻碍朱元璋发展的一块绊脚石。

陈友谅为人阴险狡诈。他投靠过徐寿辉,没想到徐寿辉后来被倪文俊打败了,他就假装投靠倪文俊,实际上是教唆他人杀害倪义俊,还把他的手下占为己有。他一路攻占了安庆、龙兴、瑞州、邵武、吉安、抚州,带着军队直逼池州。幸好池州的守将听了朱元璋的话,早早地提防了他,池州才没失守。

接着,陈友谅派部下赵普胜在池州城外与朱元璋开战。赵普胜武艺高强,被称为"双刀"。徐达看单凭武力很难战胜他,就想着智取。

他先撤兵，看到赵普胜军队四周都有栅栏，就把军队一分为二，双面夹击赵普胜的队伍，打得他措手不及，最后取得胜利，攻下池州。

谁料赵普胜也不是什么无能之辈。他猜到徐达会乘胜追击，就在水路上设下埋伏，把徐达派来追击自己的俞廷玉给射杀了。得知俞廷玉的死讯后，徐达很是惋惜，不得不好好想个应对陈友谅和赵普胜的计谋。

朱元璋告诉徐达："陈友谅生性多疑，赵普胜有勇无谋，我们只要派人离间他们的关系就好了。"随后，他派了一个人去安庆，凭借同乡的身份跟赵盟聊了起来，然后假装把写给赵盟的信给了赵普胜。赵普胜看不懂信里的内容，以为赵盟背着自己干了什么事，就疏远了他。赵盟也感受到了赵普胜的冷漠，心中很是郁闷，干脆跟着这位同乡一起投奔了朱元璋。

这正中朱元璋下怀。他不仅厚待赵盟，还赏赐了他很多东西，让他去陈友谅军中散播赵普胜想要造反的消息。陈友谅本就多疑，听了这话更觉得赵普胜有问题，于是派人去探探虚实。没想到，直来直去的赵普胜完全不懂陈友谅的意思，还沾沾自喜地夸耀自己的功绩。使臣回去后，就把赵普胜骄傲自满的样子告诉了陈友谅。

陈友谅这下有些慌了。阴险的他决定故技重施，先是告诉赵普胜与自己会师，一起攻打池州，然后趁着赵普胜毫无防备之心的时候，直接杀了他。赵普胜到死都不知道自己是怎么得罪了陈友谅。得到消息的朱元璋很是高兴，看来自己的离间计奏效了。失去赵普胜的陈友谅就像没了左膀右臂，已经不足为惧。

接着，朱元璋带领大军攻占了婺州。如往常一样，朱元璋善待城

两个绊脚石

中百姓，还为他们修建荒废已久的学堂。与此同时，胡大海还想招揽一些贤士。他对四位儒生很是欣赏，就把他们推荐给了朱元璋。朱元璋也求贤若渴，当时就去请他们，其中三位倒是答应得很利落，另一位青田名士被朱元璋请了三次才愿意出山。如此清高自傲，他到底有什么本领呢？

> **蔡公曰**
> 元璋得金陵后，除附近元军外，只有张士诚一路，与他为难。元军涣惰不足道，士诚尚以战为守，无甚大志，元璋处之，犹易与耳。至友谅猖獗，顺江而下，于是元璋左右受敌，几不胜防。廖永安陷没太湖，俞廷玉战死长江，皆足为金陵夺气。非敌将被间，浙军获胜，元璋其危矣乎！

大明第一谋士

这位屡请不至的青田名士姓刘名基,字伯温,是明朝开国的第一谋臣。他在元朝至顺年间考取进士,通古博今,尤其精通象纬学。当时的人们谈论起江左的人物,首推刘伯温。江浙一带的官吏,屡次想要起用他,却都被他婉言推辞。后来,在胡大海的推荐下,朱元璋三翻五次请他出山,他都没有答应。后来,他见朱元璋再三邀请,又在游历西湖时看到西北一带的朱氏有天子气象,于是决定应天顺人,也不负自己的平生志愿,遂整装出发,直达应天(今南京)。

朱元璋听说刘伯温来了,急忙下阶恭迎,赐他上座。他俩谈古论今,刘伯承对答如流。朱元璋非常高兴,对刘伯温也很是赏识,更是信任他的本事。他请教刘伯温在如今的局势之下,自己应当如何应对。刘伯温告诉朱元璋,现在他已经占据金陵,地势上有很大的优势,要成大事,应该扫除东南的张士诚和西北的陈友谅,方能北定中原。朱元璋听完,对二人的势力有所顾忌,担心不能轻易剿灭。但刘伯温却说,御敌要分轻重缓急,用兵贵在先后之序,所以应该先全力铲除地处上游的陈友谅,陈氏灭亡后,张氏势单力孤,就可以手到擒来了。朱元璋听完很高兴,马上命人修筑礼贤馆,让刘伯温入住。宋濂、章溢、叶琛三人，也都住在馆里。不久，朱元璋只留下刘伯温主持军务，而且军中事务无论大小，一律都向他咨询。刘伯温也感其知遇之恩，知无不言。

人才就是战斗力！

这天，朱元璋正在检阅兵马，忽然听说陈友谅攻下了太平，并让部下杀死徐寿辉，还借采石镇五通庙为行宫，自称皇帝，国号汉，改元大义。随后，陈友谅调集水兵，打算从江州直达应天，颇有当年曹操八十万大军的气势。

警报传到应天，朱元璋便召集众将士前来商议。众将纷纷献计，有的说应该出城投降，还有的说应该逃往钟山，等将来再收复。只有刘伯温不发一语，后来朱元璋屏退所有人，只留下刘伯温，与其商议了许久。

等朱元璋再次出来时，众人还想献计，朱元璋一概不理，只命参谋范常给胡大海写信，让他攻打陈友谅的后方信州，从而牵制陈友谅的后方。朱元璋又召康茂才入内，对他说："听人说你与陈友谅的关系不错，我打算让你给陈友谅写封诈降书。"没想到陈友谅真的中计了。于是，朱元璋按计划兵分多路，专等陈友谅前来，打他个落花流水。

不到一天，陈友谅果然乘船东下。到了大胜港的时候，他看见前面有重兵驻扎，担心会被袭击，只好退出大江，径直去找江东桥。到了那里，他没有看见康茂才，这才知道是中计了。还好船多人众，陈友谅并不惊慌，便下令向龙江进发。刚到龙江，天气炎热，朱元璋早已埋伏在此。他命部下及时休整，打算趁雨攻打陈友谅。

不久，大雨倾盆，朱元璋立即命令将士下山拔掉栅栏，然后竖起红色旗帜。陈友谅见栅栏被拔，就领兵力争。不一会儿，雨忽然停了，朱元璋又改竖黄色旗帜，并使劲击鼓。常遇春等人从左路杀出，徐达从右路杀出，把登岸的敌兵通通赶到水里。随后，朱元璋的部下张德胜、朱虎又带着水兵杀来，吓得陈友谅不知所措。偏偏水里风浪也与他作对，把陈友谅的数百艘兵船一齐搁在浅滩上。朱元璋此时天时地利人和，杀得陈友谅急乘小舟，飞桨逃出。

随后，朱元璋的部下徐达又收复了太平，胡大海也攻下了信州，冯国胜等人夺取了安庆。陈友谅见状，不肯罢休，派张定边攻打安庆，李明道攻打信州。没想到，安庆竟然被张定边夺下。朱元璋派李文忠前去支援信州，生生擒下李明道，押送到了应天。

朱元璋不甘安庆被夺，于是又造下龙骧巨舰打算亲自率兵再次攻打安庆。刘伯温却说，安庆城墙高而坚固，要慢慢攻打，建议朱元璋不如先去攻打江州，捣了陈友谅的老巢。于是，朱元璋直接西进攻打江州。

朱元璋攻打江州的消息传到陈友谅那儿，他还以为是误报。等到城外鼓角喧天之时，陈友谅才知道敌兵果然来了，慌忙整兵防守。幸得江州地势依山傍水，非常坚固，一攻一守相持两天，城池仍完好如故。陈友谅这才稍稍放下心来。不承想到了夜里，朱元璋的士兵竟然登城杀入，急得陈友谅手足无措，只好带着夫人逃到武昌。原来刘伯温早已想好计谋，朱元璋采纳后，计算好江州城墙的高度，让工兵在船尾搭造天桥，趁着黑夜直逼江州城下。天桥的高度刚好与城墙吻合，朱元璋的将士不费什么力气就杀入了城中。蒙在鼓里的陈友谅还以为朱元璋的部队是什么神兵天降，只好仓皇逃走。

然而，江州城刚刚被朱元璋平定，浙东却传来警报，说胡大海、耿再成二将被人刺杀身亡。朱元璋大吃一惊。

> **蔡公曰** 朱氏之得胜，全属刘基之功。陈友谅既得太平，即乘胜东下，声势锐甚，金陵诸将，议降议避，莫衷一是，元璋虽智不出此，然非刘基之密为定计，则未必全胜。史传多归美元璋，此系善则称君之常例，演史者所当推陈出新，不得仍如史官云云也。天生一朱元璋，复生一刘伯温，正所以成君臣相济之美，非揭而出之，曷由显刘青田之名乎？

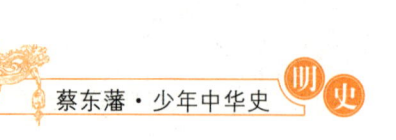

与陈友谅的决战

胡大海和耿再成本来分别留守金华和处州,犄角相应,固若金汤。偏偏这两地有很多苗军,胡大海和耿再成想将他们招揽过来。没承想,苗将蒋英、刘震、李福、李佑之、贺仁德等人假意归降,实则另有野心,联合一众苗将造反,将胡大海和耿再成杀害了。

朱元璋听后痛心不已,派刘伯温前去应对。

刘伯温连夜赶路。到了衢州,他听说这里也多了很多谣言,于是下令四处驻兵,揭榜安民,一个晚上就平定了衢州。

陈友谅与朱元璋交手几个来回,并没有占到便宜,还让自己的地盘越来越小,不禁愧愤交集,就想着破釜沉舟,与朱元璋决一死战。他开始大造战船,船上房室俱备,中间可过马匹。

造好船后,陈友谅即刻就载着文武百官、家眷,以及六十万士兵,悉数东来。到了南昌,他停下战舰,准备攻城。

守帅朱文正听说陈友谅倾国而来,急忙命邓愈防守抚州门。但由于陈友谅亲自督兵,猛扑抚州门,没过多久,城墙竟然坍塌了二十多丈。邓愈只好带着士兵用火铳严防死守,但陈友谅的士兵也不甘示弱。在双方血肉相搏时,幸好朱文正督兵前来支援,一边战斗,一边筑城，手下猛将战死多人，才勉强守住城门。

陈友谅休息了几天，又去攻打新城门。没想到遇上了凶猛的薛显，他给陈友谅的部下刘震横腰一刀，劈成两段，剩下的小兵全被吓跑了。

陈友谅只好转而攻打水关。朱文正机智地利用特制的火烤铁戟长槊进行防守，若士兵伸手去夺，皮肤就会被烫烂，所以无人敢进，水关安然无恙。

陈友谅接着分兵攻陷吉安、临江，招降了李明道，杀死曾万中，还擒住了刘齐、朱叔华、逍天麟三人，并送到南昌城下，想让他们对城上的守兵招降。没想到守兵不为所动，陈友谅只好接着攻打官步、士步两门，将早晚巡城的赵德胜一箭射杀。

赵德胜死后，守城的将士们越发奋勇。陈友谅久攻不下，但又不肯舍去，只好整天围城。朱文正派人送钱过去，让他不要攻得太急，假意示好，暗地里却命千户侯张子明偷偷越出水关，到应天去告急求援。

张子明扮成渔夫的模样，摇着渔舟，唱着渔歌，混了出去。他昼行夜止，半个月后才到应天。朱元璋这才知道南昌被困，了解了南昌的处境，打算一个月后亲自支援。他让张子明回去复命。返回途中，张子明被陈友谅抓住。陈友谅本想利用张子明让朱文正速速投降，没想到张子明不肯配合，于是当即杀了张子明。

朱元璋立刻飞调徐达等人回军，亲自集师二十万，打算即日赶往南昌与陈友谅殊死一战。走到湖口时，他先派指挥戴德率领两军，分别驻扎在泾江口、南湖嘴，拦截住陈友谅的归路，又约信州的兵马防守武阳渡，防止陈友谅逃跑。

陈友谅围攻南昌已经八十五天，听说朱元璋前来支援，急忙撤围东下，到鄱阳湖迎战。

朱元璋带着水兵，从松门进入鄱阳湖，直抵康郎山。他观察到陈友谅的军队船只首尾相连，进退很不方便，于是决定用火攻。众将士依计而行，果然一战获胜，杀敌一千五百余人。

这时候，前后左右的敌船多半着了火，连徐达所坐的大船也着了火。徐达连忙令将士扑火，奋力再战。朱元璋担心徐达有闪失，就派船前去支援。徐达的部将看见援船，更是耀武扬威，争先驱杀。不料敌兵竟然避开徐达，前去围攻朱元璋。朱元璋被陈友谅的骁将张定边困住，幸而韩成与朱元璋互换衣服，跳入江中迷惑敌军才让朱元璋得以逃脱。

正当朱元璋被围攻之际，常遇春射中张定边，驶舟前来支援，俞

与陈友谅的决战

通海也奋勇杀到。日暮时分，朱元璋鸣金收军，感叹是因为刘伯温没有前来坐镇才让自己身处险境，于是立即让徐达去换刘伯温前来。

过了几天，刘伯温没来，陈友谅倒是开着大船来袭了。朱元璋督兵接仗，但多半败退，气得他一连斩了十几个队长。正在这时，刘伯温带着张中、周颠前来。三人一起出谋划策，刘伯温又献上良策。朱元璋大喜，随即命常遇春等人进舱，吩咐一番，叫他们去准备。

第二天，果然犹如神助，陈友谅被七艘稻草船乱了阵脚，又被朱元璋的火攻杀得心慌意乱。陈友谅见将士死伤无数，只好麾兵西逃。

逃了一段路，见已经甩掉敌船，陈友谅又击鼓前去想要杀掉朱元璋。朱元璋有刘伯温相助，再次化险为夷。一时间，朱元璋的将士勇气倍增，敌船大乱。朱元璋的部下杀一阵，烧一阵，刀兵水火，齐齐上阵。陈友谅狼狈至极，逃命而去，朱元璋穷追不舍。陈友谅逃到泾江，被泾江的士兵射中一箭，毙命了！

而后，朱元璋派人擒拿俘虏，共抓来几千人，一一查核后凯旋。

蔡公曰 陈友谅不袭应天，专攻南昌，着手之误，不待细说。且以六十万众，攻一孤城，相持至八十余日，犹不能下，是殆所谓强弩之末，鲁缟难穿，奚待鄱阳之战，始见胜负耶？惟朱、陈二氏之兴亡，实以鄱阳一战为关键。

吾谓友谅亦有自败之道，江州失守，根本之重地已去，及奔至武昌，正宜敛兵蓄锐，徐图再举，乃迫不及待，孤注一掷，甚至身死人手，为天下笑，是可见国之兴亡，实关人谋，不得如项羽之刎首乌江，自诿为非战之罪也。

张士诚的末日

陈友谅气数已尽,接着轮到张士诚了。张士诚听说朱元璋西征,就趁机攻城略地,还自称吴王,建府第,置官员,任用亲弟弟张士信为左丞相,妹夫潘元绍为参谋,一切政事都由他们二人做主。张士信荒淫无度,整天玩乐,张士诚的军队是一片乌烟瘴气。

朱元璋决定讨伐张士诚,命徐达为大将军,常遇春为副将军,率领二十万大军出征。

他问二人准备先打哪里,徐达准备直捣平江,朱元璋说要先攻湖州,再移兵平江,这样才能稳操胜券。然后,又对徐达交代要提防降将熊天瑞,不要将计划告诉他,此人必会去张士诚那里通风报信。

徐达与常遇春领命而去,朱元璋又约李文忠攻打杭州,华云龙攻打嘉兴,同时发兵,牵制张士诚的势力。

徐达、常遇春率兵二十万,从太湖攻向湖州,沿途战无不胜,擒住了尹义、陈旺、石清、汪海等人。张士信驻守昆山,闻风而逃。路上,熊天瑞果然逃回张士诚那里报信。于是,徐达传令火速前进,直达湖州的三里桥。

张天麒听说徐达要来攻打,急忙率领偏将黄宝、陶子宝等人,分道迎战。黄宝从南路出兵被常遇春擒获,张天麒、陶子宝得知黄宝被擒的消息,不战自退。徐达领兵围住湖州,直到李伯昇派荻港潜入城中,城中守兵才稍稍安定下来。

徐达原本想要在城的四周排兵布阵,截击援军。没想到来的是张士诚的部将吕珍、朱暹以及五太子等人,他们率兵六万,已经到了城东。于是,徐达和常遇春决定小心应对,由徐达围城,常遇春截击援兵。

常遇春率兵来到姑嫂桥,连续筑下十个堡垒,防守要隘。吕珍等人不敢上前,只好在城东设下五个寨子,与其相持。常遇春也不与他交锋,只截断了他的粮道。

后来,张士诚的部将徐志坚带水兵偷袭姑嫂桥,被活捉。五太子因屡遭挫败,一气之下集合水兵攻打常遇春的大营。双方厮杀起来,常遇春稍逊一筹,险些被五太子击退。正在此时,薛显顺风纵火,把五太子的兵船烧得乌黑。

五太子只好逃了回去,与吕珍、朱暹等人商议出一条纳款输诚的计策。于是,湖州城内的李伯昇、张天麒交了降书,湖州被徐达和常遇春攻占。

张士诚听说湖州沦陷,急得手足无措。不料又传来杭州、嘉兴也沦陷的消息,他不由得魂飞天外。后来,吴江沦陷,张士诚的参政李福、知州杨彝降了敌。张士诚急忙调兵登城,严防死守。

第二天一早,张士诚登上城楼,就看到四面八方都竖着敌军的旗帜。各军磨刀霍霍,弄得他只好命一班勇胜军加强防守。勇胜军十分厉害,徐达等人昼夜猛攻,都不能得手。俞通海带兵攻下太仓、昆山、崇明、嘉定各县，回来复命时，见平江还没有被攻下，于是率先猛扑，身中数箭而亡。

几个月过去了，张士诚非常焦躁，竟派徐义、潘元绍等人带着勇胜军潜出西门，绕到虎丘，袭击常遇春的大营。常遇春与王弼会师赶去拦截，两军相会，互相拼杀起来。常遇春的部下杨国兴被杀，王弼冲入敌阵，常遇春乘机掩杀过来，竟将张士诚的士兵逼到沙盆潭。情急之间，张士诚连人带马堕入潭中，差点儿淹死。等被救上岸，张士诚的勇胜军也死伤大半，他狼狈地逃回城中。

这时，有位高人劝张士诚投降。他踌躇了一个晚上，决定不降。随后，他带兵冲出胥门，被常遇春杀退。张士信督兵守城，被飞炮击中脑袋，当场死去。熊天瑞拼死抵御。

徐达攻了很多天，死伤无数，才破葑门，常遇春也攻破了阊门。守将唐杰、周仁、徐义、潘元绍等人招架不住，先后投降。

张士诚带着两三万残兵败将，在万寿寺东街坚持巷战。那时张士诚大势已去，士兵们很快就纷纷逃散。张士诚逃回内城，徐达等人乘势杀入。

徐达派人劝张士诚投降。没想到张士诚打算吊死在梁上，被救下后送往应天。朱元璋本想保全他的性命，最后张士诚还是乘人不备，自缢身亡。

攻下平江，江东大定，朱元璋决定分道出师，一路攻打中原，一路平南方。

张士诚的末日

蔡公曰　若张士诚以泰州盐侩,据有浙东,拓及吴江,设能礼贤爱民,明刑敕法,则江南虽小,固可坐而王也。况乎朱、陈相竞,连岁交兵,彼为蚌鹬,我为渔人,宁不足以制胜?乃优柔寡断,内外相蒙,卒予朱氏以可乘之隙。至于兵败地削,孤城被围,齐云一炬,阊室自焚,妻孥且不保,亦何若长为盐侩之为愈乎?

士诚始叛元,继复降元,又继复叛元,反复无常,一盗窃所为,被虏不食,自经而死,何足道乎?

洪武大帝定都南京

戊申年（1368）正月初四这天，朱元璋登上皇位，国号明，改元洪武。他在即位的三天前，为了表示诚意，特意沐浴斋戒，去南郊祭拜天地。在他祭拜的时候，神奇的一幕发生了——连日积压的乌云和雨雪一下子消失不见，天空变得风和日丽、万里无云。大家都认为这是大明太平盛世的预兆。

祭祀大典完成后，朱元璋开始册封追随他的大臣。首先，封马氏为皇后，长子朱标为皇太子，李善长为左丞相，徐达为右丞相，刘伯温为御史中丞兼太史令。一路跟随他、护送有功的人，都得到了一定的官职爵位。大明朝的根基就此奠定。

登上皇位后，朱元璋对马皇后说："我能当上这个皇帝，对外幸好有贤明的大臣帮助，对内全靠你的贤明。我到现在还记得，当初你跟随我在沙场征战，每一次我上战场，你都亲手为我穿上铠甲和战靴。古人说，家有良妇，如同国有良相。现在，我想报答你，可是你的父母已经去世，只剩下族人，把他们封为官爵，你觉得怎么样？"

马皇后对他说："我也听说过一句古话，叫夫妻相保易，君臣相保难。您既然记得当初我对你的好，那请您也别忘记患难时功臣们对您的好，大明的官职和爵位应该分给能人，而不是看在我的面子上分给外戚，请您不要徇私枉法。"太祖听了非常感动，连连点头，按照马皇后说的去做了。

> 听说他原本是个乞丐。

> 还当过和尚哩。

> 那我岂不也是前途无量？

安顿好马皇后和朝中大臣，朱元璋又开始担心前方战场，于是派徐达和常遇春攻打山东。在徐达和常遇春的指挥下，山东的元军被打得落花流水。

接着，常遇春和徐达在河南会师，迅速地攻占了河南。朱元璋听到前方战场连连传来捷报，很是高兴，于是亲自赶到汴梁去慰劳他们，顺便商量攻占元都的计划。

徐达对大家说："我们这一路打过来，扩廓帖木儿一直在后面观望，不敢跟我们正面交锋，至于张良弼、李思齐他们也毫无谋略，看来元都已经没有援兵了。如果我们现在直接进攻，肯定能攻占下来。"

朱元璋仔细想了想，说："徐将军说得很好，但是我们还要仔细谋划一下。元都地处北方，土地开阔且平旷，我们可以选择骁勇善战的骑兵打先锋，更占优势。徐将军，你带领水陆两军做大家的援军，然后把山东的粮饷给先锋。等到先锋开辟战场后，你直接带着大部队攻占元都。"

他又吩咐冯胜："徐将军进攻元都时，我们不能落下潼关，冯将军，你先带人攻占潼关，攻下后留一些人防守，其余的接应徐将军，以免发生意外。"

晚上，冯胜偷偷地到张良弼的军营前放了一把火，顿时整个军营烟雾缭绕，谁也分不清谁。张良弼从梦中惊醒，以为是敌军的战火，马上披上铠甲与士兵们厮杀。谁知等大火散去，他才发现刚刚是自己人在厮杀，损失惨重。他顿时退出关内。李思齐听说了他的消息后，也赶紧逃离关内。冯胜趁他们慌忙逃窜、没有任何准备的时候，直接率兵前来与他们厮杀，夺下潼关。按照朱元璋说的，他派两名大将守在那里，自己立即带人与徐达会合，攻打元大都。

双方成功会合后，计划先攻下通州，当时徐达在河的东岸扎营，常遇春将军在河的西岸扎营。各位将军都想一鼓作气，趁着现在连胜几场直接攻城。郭英说："我们远道而来，现在已经很疲劳了，而他们却一直在城内准备，养精蓄锐，势头正好，这时候不能着急进攻。"

第二天早晨，忽然起了大雾，郭英见时机已到，就对大家说："先派一千士兵埋伏在道路两边，我带着三千精兵直接到城中把卜颜帖木儿引出来，然后假装战败，到时他肯定会出来追我们，你们再趁他追击我们且没有防备的时候，直接将他抓获。"

不出他所料，第二天，卜颜帖木儿果然中计，一下子就被擒拿。这下元军没了主帅，士兵们四散逃亡，明朝军队又趁机追杀了几千人。过了几天，卜颜帖木儿被斩首，通州正式被攻占。

等到了元大都，他们才发现元顺帝早就逃跑了，城中只剩下淮王帖木儿不花，左丞相庆童，平章迭儿必失，朴赛因不花。徐达劝他们投降，可他们都不愿意，于是全部被处斩。徐达还命令士兵不要伤害无辜百姓，让百姓们安居乐业，等待朱元璋前来视察。

朱元璋收到徐达的捷报后十分高兴，下令奖赏他们，把应天改为南京，仿照元朝制定了明朝的官制。

随后，朱元璋命令徐达、常遇春攻占山西。这时候，元朝将军扩廓帖木儿部下有个叫韩札儿的，竟然来攻打泽州。大家以为他没有什么能耐，没想到他竟然打败了杨璟、张彬两位将军。

徐达知道后，立刻派人回去防守北平，自己则带着大部队攻打太原。他想："北平现在有重兵把守，它不会轻易就被攻打下来，我们现在打下太原，捣毁韩札儿的老巢，一定有助于擒拿他。"果然，在他们夜袭成功后，北平危机被解决，山西就此被成功攻占。

他们又一鼓作气攻下关陕地区。正当大家准备继续攻打庆阳、讨伐张良臣的时候，突然传来了常遇春身染重病的消息。

蔡公曰 南方戡定，而明祖称帝，天道后起者胜，诚非虚言。且有史以来，得国之正，首汉高，次明祖，汉高时尚有吕后，不无遗憾，明祖则得偶马氏，聿著徽音。终明之世，无宫壶浊乱事，殆较汉代而上之矣。至如徐达之北征，皆由庙算所定，告捷成功，事事不出明祖之所料，有明祖之雄才大略，始能拨乱世，反之正，且始终以不嗜杀人为本，其卒成大业，传世永久也宜哉！若元顺帝之致亡，吾无讥焉。

西取四川，北剿余孽

常遇春知道自己很快就要去世，于是把军中所有事务交给李文忠处理，并且告诉军营里的将军和士兵，让他们以后要全心全意地听李文忠的指挥。交代完这一切，他就病逝了。

明太祖听到这个噩耗，心中十分悲痛。常遇春一生勇敢果断，冲锋陷阵永远在最前面，虽然没有读过多少书，但总能出奇致胜，大家都非常敬重他。太祖追封他为开平王，谥号忠武，像当年宋太宗祭奠赵普一样来祭奠他。

处理完这一切，太祖下令让李文忠接替常遇春的职务，命令他和徐达一起攻打庆阳。没想到半路上听说有元朝的军队攻打大同，李文忠当机立断，决定先去支援大同。

平定大同后，李文忠抓紧时间赶往庆阳，没想到还未到就收到庆阳已经被攻下的捷报。这真是个好消息！

等各路军队稍作调整后，朱元璋说："虽然咱们多次取得胜利，但是元主一直没有投降，扩廓帖木儿多次侵犯我们的边界，所以现在我想要各位北征，人家有什么想法吗？"

大家都异口同声地回答："扩廓帖木儿多次侵犯我们的领土，无非是仗着元主,擒贼先擒王,我们直接打倒元主不就好了吗?"

明太祖考虑了一会儿,摇了摇头,说:"扩廓帖木儿对咱们的威胁已经迫在眉睫,我们不能不管他,而舍近求远攻打元主。现在,我想让大家兵分两路,一路直接抵御扩廓帖木儿的侵略,另一路去攻打元主。"大家听了觉得可行,很快就出发了。

徐达带领军队在安定与扩廓帖木儿对战。由于明军队伍士气高涨,犹如神助,无人能挡,扩廓帖木儿眼看大势已去,就带着妻儿落荒而逃。本以为自己死定了,没想到逃到黄河岸边的时候,他看到河里飘过一个很粗的浮木,急忙带着妻儿跨上浮木去投奔和林了。

在安定的战役中,明军大获全胜,还收缴了很多物资。李文忠带着军队一路势如破竹,直接攻下兴和、察罕诺尔、开平。后来,听说元顺帝已在应昌病逝,由太子爱猷识理达腊继位。

李文忠想:"这时候,他们肯定没有防备,趁机偷袭,定能大获全胜。"爱猷识理达腊是个胆小怕事的君主,收到明军偷袭的消息后,甚至不敢反抗,直接带着文武百官和后宫嫔妃逃走了。没想到他们还是慢了一步,明军先锋已经赶到,截杀了大部分朝臣和妃嫔,爱猷识理达腊勉强逃出生天。

几个月后,徐达、李文忠带着大部队凯旋。明太祖很是高兴,为了表示尊重,亲自到郊外迎接他们。洪武三年(1370)十一月,太祖册封群臣,封李善长为韩国公,徐达为魏国公,常茂为郑国公,李文忠为曹国公,邓愈为卫国公,冯胜为宋国公。大家叩首拜谢。

北边虽然已经平定,但是扩廓帖木儿逃回和林后,元主仍然很看重他。他继续发兵侵扰明朝的边境。太祖只好再次令徐达为大将军攻

西取四川，北剿余孽

打和林。徐达这次任用了一个名叫蓝玉的都督为先锋。他来到北边时，正巧碰到扩廓帖木儿的部下在河边喂马喝水，当机立断，冲过去抢下数百匹战马。

大家乘胜追击继续向北征战。蓝玉害怕元军设有埋伏，就号召大家停下。没想到明朝的将士都不肯听他的话，一心想要灭掉扩廓帖木儿。没过多久，他们就发现果然有埋伏，将士们这才知道不能轻敌。大家进退两难，幸亏徐达带兵前来支援。

洪武八年（1375），扩廓帖木儿因病去世。明太祖为此感叹："他是唯一一个始终不愿意向我臣服的人，我愿意称他为真正的奇男子！"

蔡公曰 扩廓、李思齐，皆元室大将，一则驻兵太原，遇敌劫营，仓猝惊溃，一则称长关中，闻敌即退，穷蹙乞降。始何其悍？终何其衰？得毋所谓强弩之末，不能穿鲁缟者耶？张良弼辈，更出思齐下，良臣虽悍，困守庆阳，已同瓮鳖。晋、冀下而秦、陇去，虽有鲁阳，不克返戈。然原其祸始，莫非自离心离德之所致也。观元室之所以亡，益知涣群之获咎，观明祖之所以兴，益信师克之在和。

明初第一大案：胡惟庸案

征战沙场的过程中，朱元璋不仅有忠心耿耿的武将如徐达、蓝玉等人的助力，也重用宋濂、刘伯温、李善长、胡惟庸等知识分子。不论文人还是武人，都为朱元璋开创新朝代立下了赫赫功勋。

大明王朝建立后，朱元璋成为开国皇帝，昔日一同奋斗的诸位自然也成为开国元勋。为了表示自己的感激，明太祖对功臣们大加封赏。其中，最高荣誉是公爵，获得这项荣誉的共有六人，李善长居于首位。明太祖还拜李善长为左丞相，位居百官之首。一时间，李善长的权势、威望，朝野皆知。

明太祖自幼聪颖过人，虽然少时求学条件艰苦，但乐学好学，粗通文墨。再者，太祖生性多疑，当然不希望武将因为功高而扰乱国家秩序，破坏来之不易的太平。因此，大明王朝建立后，朱元璋非常重视文化教育，文臣地位有所巩固。

开国功臣的身份以及明太祖重视文化教育这两个因素的叠加，使跟随太祖打拼多年的李善长一时风光无限，竟有点儿骄傲了。他本人虽然饱读诗书，且提倡仁义宽厚，但实际上却是善妒之人，待人苛刻。在行事风格上，他与刚正不阿、直言不讳的刘伯温可谓大相径庭。

一次，李善长为了亲信而与刘伯温争论律法问题。在情绪激动之时，李善长甚至辱骂了刘伯温。要知道，刘伯温虽然官位没有李善长高，但也是深受敬仰的功勋谋臣，在朝廷中有较大的影响力。李善长全然不顾儒士风度、丞相风范，反映了他内心的骄纵。

李善长位高权重，独揽大权，这渐渐让明太祖感到权力旁落的威胁，萌生了更换丞相的想法。太祖向刘伯温吐露心声，希望刘伯温担任左丞相之职。刘伯温坚决推辞，认为李善长具备使朝廷百官团结一致的威严与实力，太祖只好作罢。不久，刘伯温便借机辞官归乡了。

李善长跟随明太祖多年，了解太祖秉性，自然能够感受到皇上的猜疑与顾虑。因此，他在一次生病时以身体不好为由辞去左丞相之职，回乡休养身体。

明太祖任命新丞相之前，再次征求刘伯温的建议。太祖先列举了几个人，如杨宪、汪广洋，刘伯温认为他们虽然有才能，但是气量太小，不适合做丞相。太祖又询问胡惟庸是否合适，刘伯温认为丞相就像驾车的马，胡惟庸则是一匹劣马，可能会扰乱朝廷秩序。

朱元璋听了刘伯温的分析，又提出要将刘伯温任命为丞相，仍被谢绝了。后来，李善长向太祖推荐胡惟庸，朱元璋便任命胡惟庸为右丞相。此时的胡惟庸还比较恪守本职，逐渐获得明太祖的信任。四年后，胡惟庸被提拔为左丞相，一人之下、万人之上。

权倾朝野、皇帝宠信，让胡惟庸渐渐在权势中迷失了自我。他专断独行，有许多攸关性命的大事竟然不请示明太祖便自作主张处理了。胡惟庸还私自翻阅奏折，将对自己不利的奏折全部扣留，不上呈给明太祖。不仅如此，他还在朝中打击与自己政见不合的人，扶植亲信，使自己的势力集团不断壮大。

胡惟庸的骄纵跋扈引得许多人不满和忧虑。明朝第一开国功臣徐达因为胡惟庸奸险狡诈向朱元璋进谏，差点儿被胡惟庸杀害。因为记恨刘伯温曾说自己不适合做丞相，胡惟庸趁着探视病重的刘伯温，在其药中下毒，最终导致刘伯温身亡。

这些事情发生后，胡惟庸权势更盛，越来越目无纲纪，为所欲为。他的种种作为已经引起明太祖的猜疑，但胡惟庸仍不知悔改，甚至勾结前任丞相李善长与其胞弟李存义，笼络一些渴望权力的官员，企图造反。胡惟庸的谋逆之心渐渐显露于各种细节中，最后露出马脚，被先前拉拢的官员告发。明太祖得知后龙颜震怒，处死了胡惟庸等三人。

然而，由于胡惟庸的亲信众多，其意欲谋逆一事还远未结束。处死胡惟庸后，明太祖持续派人在暗地里彻查胡惟庸的党羽。

李善长虽早已告老还乡，但出于种种原因，仍与朝廷有着千丝万缕的关联。机缘巧合之下，李善长的亲信、胡惟庸的手下丁斌触怒了明太祖。在审问过程中，丁斌供出胡惟庸曾经与李存义等人勾结。

明太祖看了供词后，立即下令捉拿李存义父子，两人对胡惟庸笼络李善长并企图造反一事供认不讳。太祖得知后更加愤怒。此时，又有人告发李善长经常与胡惟庸往来，李善长甚至还隐瞒了胡惟庸与沙漠使者私下来往的事情。

李善长明知胡惟庸要谋反却没有揭发，这种欺君罔上的行为使得明太祖再也无法顾及旧情，他下令将李善长一族共七十余人全部处死。除此之外，胡惟庸谋反一事还牵连到开国文臣宋濂及其孙子宋慎。

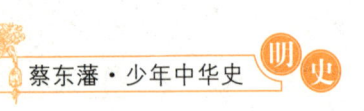

由于此事涉及人数众多且影响深远,历史上称之为"胡惟庸案"。

胡惟庸案之后,明太祖对位高权重的功勋多留了几个心眼。开国名将蓝玉就在被观察之列。

蓝玉在明朝建立前屡立战功,在明朝建立后也南征北战,尤其远征云南、漠北,立下奇功,深为明太祖器重。随着权位的提升,蓝玉逐渐骄纵,多次口出狂言,甚至不在意太祖的责备与告诫。

后来,锦衣卫指挥告发蓝玉与许多官员谋反。明太祖认为此害不除则后患无穷,于是下令诛杀蓝玉、有关官员及其家人,共计一万五千多人。

蓝玉被杀后,跟他一样为明朝立下汗马功劳的傅友德、冯胜等人也被明太祖猜忌，难逃被处死的命运。

> 蔡公曰
>
> 太祖微行，未见正史，而稗乘备传其事，益见太祖之忮刻。忮刻者必喜阿谀，故杨宪、汪广洋、胡惟庸诸人，陆续登庸，虽依次黜戮，而误国已不少矣。

马皇后病逝

洪武十五年（1382），马皇后因为生病去世了，朱元璋非常难过，忍不住号啕大哭，对天发誓这辈子再也不会立他人为皇后。不仅仅是他，几乎皇宫内外所有的人都为这位贤明的皇后去世而悲痛。

朱元璋起兵打仗时，马皇后就天天在战场上陪伴他。一个女人，整日在硝烟弥漫的地方，自然少不了要吃些苦头。这更能从中看出她对太祖朱元璋的情谊。她还时不时劝说朱元璋不要大开杀戒，心地十分善良。后来，朱元璋打下天下，册封她为皇后，她依然保持勤俭节约的美德，吃穿用度都和之前条件不好的时候一样。她对待朱元璋后宫的嫔妃十分用心，跟大家相处得很好，嫔妃们都拿她和东汉时的明德马皇后相比。

嫔妃们最佩服马皇后的，就是她把皇帝朱元璋的饮食起居伺候得面面俱到。马皇后告诉她们："一直以来，照顾丈夫的起居饮食是妻子们理所应当要做的事，而且咱们皇上的脾气不好，如果他的饮食起居出现失误，谁敢担责任呀？"

本来大家没有将马皇后说的这些放在心上，直到有一次，朱元璋吃饭的时候，感觉碗里的汤有一点点凉，顿时十分生气，立马就把那碗汤朝马皇后砸了过去。虽然马皇后躲得很快，但仍被那碗汤泼了一身，衣服脏了不说，耳朵还受了伤。尽管被朱元璋如此粗暴地对待，马皇后依然没有生气，甚至没有多说一句话，而是从容不迫地给自己换了一件衣服，还没有忘记重新给朱元璋端一碗温度刚刚好的热汤。经过这件事，后宫的嫔妃才相信马皇后侍奉丈夫用心至极。平常看见马皇后十分辛苦，各位嫔妃都会告诉她一定要注意身体。后宫氛围，其乐融融！

自古以来，后宫的嫔妃大都喜欢争风吃醋，经常出现谋害怀孕嫔妃的事件。但是在马皇后当皇后期间，这样的事情几乎没有发生。如果后宫有人怀了朱元璋的孩子，马皇后会加倍地关心她们，不仅照顾她们的生活，还尽力加强她们的警卫措施。

除此以外，如果有哪位嫔妃惹得朱元璋不高兴，马皇后不仅不会落井下石，还会尽心尽力地调解矛盾，全力维系朱元璋和后宫嫔妃之间的和谐关系。这是一位多么大度的皇后呀！难怪在她病逝后大家都如此伤心。

马皇后不仅将后宫事务处理得井井有条，还心系天下百姓。每当遇见灾荒，马皇后就带领大家一起吃素。太祖朱元璋对她的这种行为十分不理解。他心疼马皇后每天吃得不好，于是告诉她："赈灾的粮食，朝廷已经发下去了，你不用太过担心。"马皇后却回答说："我们现在只能接济灾民，可是无法预料下次灾荒什么时候会来临，我只是想提前为下次灾荒做点准备。"朱元璋听了很感动。

不仅如此，马皇后还经常调查明朝的百姓是不是安居乐业。一次，朱元璋看她忧思过度，担心她累坏了身体，就问她为什么经常忧虑这些问题。马皇后说:"皇上,您是百姓的父亲,我既然贵为皇后,就应当是百姓的母亲,所有百姓都是我们的孩子,如果他们不能安居乐业,我们做父母的,怎能放心呢?"听了她的话,大家都被她忧国忧民的胸怀所感动。

马皇后一生有五个儿子,大儿子叫朱标,被朱元璋立为太子。朱元璋打仗的时候,马皇后就背着朱标一路跟随队伍同进退。朱标成了太子后,马皇后特意画了一幅《负子图》交给他,提醒他谨记战乱时日的经历。

后来,朱元璋想杀掉李善长,朱标对朱元璋说:"父皇,您这样滥杀无辜,可能会伤了您和大臣们之间的和气。"朱元璋很生气,告诉他说:"我现在杀掉他们,是为了你的未来更加顺利,我为你用心良苦,你却不明白我的心意。"于是生气地拿起凳子就要打他。朱标在躲闪的时候不小心把《负子图》弄掉了。朱元璋一看到那张图,就想起了马皇后背着朱标跟随军队打仗的日子,忍不住哭了起来。看在马皇后的分儿上,他没有追究朱标的过错。

虽然这次朱标没有被朱元璋责罚,但是朱元璋晚年处死了大批朝臣,开始滥杀无辜。朱标从小就像马皇后一样仁慈宽厚,看到朱元璋的所作所为,心中十分不忍,多次向他劝谏,但都无功而返,于是十分忧愤,最终因病去世。这对年迈的朱元璋打击非常大。

马皇后的第二个儿子叫朱樉,在西安当藩王,但是因为他做过许多错事,朱元璋感到很失望,就把他召回京师。经过大哥朱标的多次劝解,他又被放回西安。洪武二十八年(1395),朱樉遭人陷害被毒杀,他的王妃王氏也跟着一起殉葬。

马皇后病逝

第三个儿子是朱㭎。朱㭎非常聪明,经常想出令人叹服的计谋。但是跟母亲马皇后不一样的是,他为人过于残暴。他的藩地是山西太原,为了避免被人下毒,他经常不尊重厨师,恶意惩罚他们,还多次用五马分尸的刑罚对犯人处以极刑。朱元璋十分愤怒,想废除他的爵位,幸好朱标从中调解他才得以幸免。可见,朱标还是一位非常温柔的哥哥。

> 属于我的东西,我一定要夺回来。

马皇后的第四个儿子是朱棣。朱元璋说过,在他的所有儿子中,朱棣最像他。朱棣刚毅迅猛,足智多谋,朱元璋宠爱他胜过其他儿子。太子朱标病逝后,朱元璋有立朱棣为储君的想法,但那个时候,朱标的次子朱允炆已经长大成人,可以独当一面了,他只好立朱允炆为皇太孙。

周王朱橚是马皇后最小的儿子。因为年纪小，他是众兄弟中最放荡不羁的一个。他被封到开封当藩王时，马皇后派遣江贵妃和他一起，并对江贵妃说："你带着我的衣服和常用的棍子，如果他有什么过错，你就穿上那衣服，拿着棍子打他。要是他冥顽不灵，仍然知错不改，你就把情况跟我说，我一定从严处理。"这些话震慑到了朱橚。他在藩地安分了好一阵子。不久，马皇后因病去世，朱橚缺乏管束，开始胡作非为。朱元璋恼怒至极，把他贬到云南，后因怀念马皇后，又把他调了回来。

在马皇后的五个儿子中，朱棣最像朱元璋，也最有野心。朱元璋去世之后，把皇位传给了朱标的儿子朱允炆，史称建文帝。朱棣不服侄子的统辖，开始计划发动兵变，攻打建文帝。明朝又要掀起一场腥风血雨了。

> **蔡公曰** 太祖性本雄猜，赖有马后之贤，从容补救，故洪武十五年以前，虽有胡惟庸一狱，而李善长、宋濂、陆仲亨、费聚等，尚得保全，党祸固未剧也，至马后崩而杀机迫矣。父子尚怀猜忌，遑问功臣？善长赐死，株连多人，甚至秦、周诸王，亦拟加罪。懿文太子，虽不能保全元功，犹能保全骨肉，不可谓非仁且恕者。然卒以是忧郁成疾，至不永年，是太子之薨，亦未始非太祖促之也。

建文帝削藩引不满

朱允炆自从登上皇位,就整天忧心忡忡。因为他知道,当自己还是皇太孙的时候,明太祖朱元璋就不太想将皇位传给他。因此,即使登上皇位,他对一些皇叔和各地的藩王仍心存忌惮,害怕他们来都城做出危害自己的事情。

朱允炆有两个十分信任的大臣，一个叫齐泰，另一个是黄子澄。一天晚上，朱允炆问黄子澄："你还记得我们当初在东角门的谈话吗？"黄子澄说："我没有忘记。"原来，在朱允炆还是皇太孙的时候，他曾在东角门问黄先生："祖父觉得我不好，如果我的皇叔们拥兵自立，我该怎么处置他们呢？"黄子澄向他讲述了汉景帝平七国的故事。朱允炆听后，稍稍放心了些。

过了一段时间，有个叫卓敬的人递上一封奏折，说："燕王朱棣太像先帝了，现在他的实力这么强，如果想谋反，我们很难控制，还是把他贬到偏远一点儿的地方去吧。"朱允炆却说："他是我的叔叔，跟我是至亲，是不会谋反的。"卓敬不死心，还想用隋文帝父子的事情劝他。朱允炆虽然心存忌惮，但还是没有听从卓敬的话。没想到，他们的对话被传了出去，各地藩王都知道朱允炆想削藩，这下可乱套了。

最快知道这个消息的是燕王朱棣。他一收到消息，就赶紧装病。其他藩王听说这件事后，都十分惶恐，于是互相勾结起来。自古皇家是非多，周王的第二个儿子竟然跟朱允炆告密说父亲想谋反，还牵扯到了其他藩王。

建文帝十分慌张，赶紧找来他的两位亲信商量怎么办。齐泰说："我们只要除掉实力最强的燕王就可以了，其他人不足为惧。"黄子澄想了想，说："不，我认为要想除掉燕王，就要先除掉他的帮手。周王是他的弟弟，也是他的好帮手，既然有人告密，那我们就先给周王定罪。这样不仅能惩罚他，还能削弱燕王的势力。"朱允炆听了很高兴，就按照他说的做了，还把周王囚禁在京城的监狱里。

建文帝削藩引不满

朱允炆的做法让各地藩王寒了心。燕王朱棣就此有了篡位的心思。

> 侄儿甚是想念叔叔！

> 叔叔在家啥也没干！

说干就干！自从计划谋反以来，朱棣开始大造兵器。因为害怕有人把这个消息传了出去，他让人在自家的后花园挖密道，修建密室打造兵器。同时，为了掩盖这些声音，他还在院子里面养了很多鸭鹅。本以为有了这些家畜的叫声，造兵器的计划就会天衣无缝，没想到这个消息还是传了出去。最后朱允炆也知道了，这时他才开始准备对自己的叔叔下手。

建文帝听从齐泰的话，命工部侍郎张昺为北平布政使，都指挥使谢贵、张信，掌北平都司事。又命都督宋忠驻扎在开平，并调走燕府卫兵，说是防御北寇；派都督耿瓛到山海关练兵，徐凯在临清练兵，严行戒备。

建文帝暂时对燕王放下心来，专心修理内政。让他没有想到的是，这边燕王刚刚平静一点儿，湘王朱柏、齐王朱榑、代王朱桂等人又开始谋反。这其中不乏朱允炆的叔伯。他们的谋反让他非常生气，直接将这三位王和他们的家眷贬为平民，还把他们关了起来。

正在朱允炆焦头烂额地处理谋反诸王的时候，忽然听说燕王的三个儿子回京城祭祀太祖。他想试探一下他们对自己的态度，于是就把他们传入宫殿问话。除了朱高煦有些拘谨以外，其他两个人对他非常恭敬、谦虚。这让朱允炆心里稍微好受了些。

这时，齐泰又开始出坏点子。他建议把燕王的三个儿子留下当人质。不承想，足智多谋、深谋远虑的燕王直接传信息说自己病危，让三个儿子迅速回家。朱允炆只好放了他们。

日子一天天过去。建文帝朱允炆对叔叔朱棣的疑心并没有减少。这一天，他又派张昺、谢贵到燕府视察一番，看看叔叔是否真的病重。

张昺、谢贵到达燕王府的那天，正值盛夏，太阳照射在皮肤上火辣辣的。没想到，他们竟然看到燕王点着炉子，把炉火烧得很旺。不仅如此，朱棣还披着羊皮坐在火炉边，说自己很冷。张昺、谢贵看到这个场景，想到朱棣多半是疯了。

这下朱允炆才相信朱棣是真的生病了，再也不像之前一样剽悍勇猛，于是放心地去抓自己的叔叔了。经过一番商议，他们决定派一个叫张信的人去抓朱棣。没想到，这个叫张信的人曾经深受朱棣信任，他提前把这个消息告诉了朱棣。

建文帝削藩引不满

正在朱允炆洋洋自得的时候,突然收到朱棣把谢贵、张昺、葛诚、卢振斩杀的消息。这下他真的傻了眼。

负责接应他们四人的彭二听说了变故,立马带领士兵准备攻打燕王府。朱棣早有准备,带着许多人杀出来,打跑了彭二。随后,朱棣立即把葛诚、卢振的家人全部处斩,安抚好受惊的百姓。自此,在明面上,朱棣彻底与建文帝朱允炆撕破脸,建立"靖难军",厉兵秣马,开始大张旗鼓地造起反来。

> **蔡公曰** 封建制度,莫盛于周,而东周之弱,实自此致之。厥后汉七国,晋八王,唐藩镇,元海都笃哇诸汗,皆尾大不掉,酿成祸乱。明祖不察,复循是辙,未几而即有靖难之师。论者谓建文嗣祚,道贵睦亲,乃听齐泰、黄子澄之言,削夺诸藩,激成燕王之变,是其咎应属建文。说固似矣,但大都偶国,终为后患。削亦反,不削亦反,误在案验未明,屡兴大狱。周、齐、湘、代、岷诸王,连口芟除,豆煎釜泣,兔死狐悲,宁有智虑过人之燕王,甘心就废,束手归罪耶?且所倚以谋燕者,惟责之张昺、谢贵、张信诸人,信既反复不忠,贵、昺又未能定变,为燕所缚,如豚犬然。内乏庙谟,外无良弼,坐使靖难军起,一发难收,是不能不为建文咎也。

朱棣造反终成皇

朱允炆这边仍然犹豫不决，态度十分含糊。

而燕王朱棣一路势如破竹，攻占了居庸关、怀来两处险要地势。

开平、龙门、上谷、云中等地的将领望风归附朱棣。谷王朱橞所在的地方离朱棣所在的怀来很近，他担心朱棣打过来，便直接抛弃领地，逃到京城去了。

直到此时，朱允炆才派耿炳文为将军，带兵前去作战。燕王则先派遣张玉前去打探消息。张玉回来后对他说："他们派了一个年老的耿炳文将军来当主帅，跟着他一起的，还有两个叫潘忠、杨松的将军。他们的军队纪律松散，不用担心，如果先攻打潘、张二将我们肯定势如破竹。"

张玉说得没错。中秋节那天晚上，潘忠、杨松二人的队伍全无防范之心，都在举杯开怀。朱棣的队伍趁此时发动偷袭，把他们一举歼灭了。就这样，燕王轻而易举地攻占了雄县和莫州。

随后，朱棣向真定出发，没想到途中还得到了一个惊喜。他们抓住了耿炳文的一个将士，名叫张保，不仅没有把他当作俘虏毒打一顿，反而好言相待。于是，没有志气的张保直接投降，还把耿炳文军队的情况全部告诉了朱棣。听张保说，耿炳文有一半的军队驻扎在河的南岸，一半驻扎在北岸。这可怎么办呢？

朱棣苦恼地抓了抓头发，如果耿炳文军队南北互相支援，他们就很难取胜。他冥思苦想了半天，终于想出了办法。过了一会儿，只见他宽慰张保说："既然你诚心诚意地向我们投降，我自然不会伤害你的性命，现在就放你回去，你可以说是偷了我们的马逃回去的，然后把我们军队的战况全部告诉耿将军。"张保照着他说的做了。

将军们都很好奇，不知道为什么朱棣要把自己军队驻扎的信息全部告诉耿炳文，朱棣说："如果他们一直分布在河的南北岸，那么两岸相互支援，我们很难取胜，可是如果他们将军队合在一起攻打我们，咱们才能把他们一网打尽。现在我们已经攻下雄县和莫州，狠狠地挫伤了他们军队的锐气，这时候他们一定打不过我们。"

不出他所料，等耿炳文率领两岸军队一起攻打燕军驻地的时候，其将士们的情绪受之前两场惨败的影响，燕王的军队不费吹灰之力又打败了他们，攻下真定。

朱允炆听说耿炳文战败，非常失望，又很着急，于是任命李景隆为大将军，亲自送他出征。

这位新上任的李景隆中看不中用，是个绣花枕头。他犹豫不决，不敢前进。燕军利用熟知北方天气的优势，趁河面结冰的时候，直接攻到李景隆的军营。等他们过河后，河面的冰就化了。李景隆的军队又是一场惨败！李景隆这个人带兵打仗不行，逃跑倒是比谁都快。

不久，燕军乘胜追击，直接攻到德州，还强取了德州城中的粮草。

这时，山东参政铁铉正在往战场上送粮饷。听到李景隆战败逃跑的消息，他赶紧跑到济南收集残兵败将，誓死守住济南。同一时间，李景隆也逃到了济南，在城外扎营。不过，这些都无济于事，朱棣很快就带着军队把李景隆打得四处逃亡。

虽然李景隆好解决，可铁铉是个有志气的人。他誓死守卫济南，带着军队浴血奋战，朱棣久攻不下。

接到前线屡战屡败的消息，朱允炆打算向朱棣求和。没想到，朱棣根本不理他的使臣。朱棣直接命令将领往城里面灌水，施加压力。一时间，城内百姓人心惶惶，都很害怕。铁铉告诉他们不要担心。他观察到，连打了几场胜仗后，燕王朱棣越来越骄傲自满。他偷偷地派几个百姓跟朱棣说："我们都是太祖的百姓，您是太祖的儿子，我们当然愿意臣服于您，只是您带着这么多军队前来，让我们感到十分害怕，不敢向您表示臣服。您要是让那些吓人的士兵退远一些，一个人进城，我们愿意称您为王。"

骄傲的朱棣果然相信了他们的话，直接下令撤兵，自己带着几个随从就进了城。殊不知，这些都是铁铉的计谋。等到朱棣进城时，铁铉直接放下城门打算砸死他。还好朱棣反应快，才逃过一劫。不过，他就此开始防范铁铉。

第二天，朱棣带了许多火炮攻城，一下子就把城墙打了好几个洞。铁铉急中生智，在城头挂上写着"太祖高皇帝之灵"的牌子。朱棣不好意思继续打下去，于是失去先机，被铁铉带着军队逼退了。

朱棣造反终成皇

> 掌中之物罢了。

这场战争史称"济南之战",是朱棣谋反过程中打得为数不多的一场败仗。从那以后,他准备得更加充分。他不断歼灭朱允炆的主力军,最后攻入都城,获得成功,建立年号永乐,世称"明成祖"。

> **蔡公曰** 明太祖杀戮功臣,几无唯类,至建文嗣位,所存者第一耿炳文。炳文系偏将才,非大帅才也,滹沱河一役,事事不出燕王所料,其才之劣,已可概见。然耿炳文败回真定,燕军攻城不下,三日即引还,意者其犹以炳文为宿将,未易攻取乎?至若景隆仅优文学,素未典兵,安可寄以干城之任?

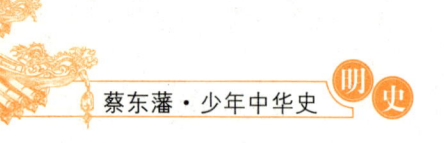

第一个被灭十族的人

靖难之役结束后,当上皇帝的朱棣开始清洗曾经反对他的人。齐泰、黄子澄等人自然首当其冲,诛族刑罚,妻女沦为官妓,供士卒随意凌辱。多次打败朱棣、抵抗最久的铁铉被割下耳朵、鼻子,毁坏四肢,尸身被投入油锅,惨不忍睹。

与被"诛十族"的方孝孺相比,他们算是不幸中的万幸了。

方孝孺,字希直,号逊志,被称为"正学先生"。他出身书香门第,从小聪明好学,机警敏捷,每天读书超过一寸厚,乡亲们都称他为"小韩愈"。长大之后,他拜大儒宋濂为师,宋濂也非常器重他,曾把他比喻为"百鸟中之孤凤",认为他是出类拔萃的人才,不可多得。在同辈人中,他十分出众,被大家所推崇。

方孝孺二十六岁的时候,经明朝第一位东阁大学士吴沉等人的推荐,受到明太祖朱元璋的召见。朱元璋看他举止儒雅,谈吐非凡,称赞他为难得之才,对皇太子朱标说这是一个品行端正的人,一定要重用他一直到老。

朱元璋虽然十分赞赏方孝孺,却没有重用他。

方孝孺主张仁政治国,朱元璋却主张武力治国。方孝孺认为应先进行德化，再施行政令和刑罚的方针，与朱元璋重典治国的政治主张相去甚远。这也许是方孝孺在当时未得到明太祖重用的主要原因。

此外，朱元璋认为他虽然满腹经纶，但没有经邦济世的才能，为文尚且可以，但是为政不行。太子朱标问太祖原因，太祖只是说："现在还不是用他的时候。"

朱允炆即位后，遵照太祖的遗训，召方孝孺入京并对其委以重任，先后让他担任翰林侍讲和翰林学士，凡国家大事都要向他询问，平常读书碰上疑难也要召见他来讲解。在决定群臣面议能否实行的时候，朱允炆有时也命令方孝孺在屏风前批答文书。

在燕王朱棣起兵造反、建文帝派兵北伐的时候，讨伐燕王的诏书檄文就出自方孝孺之手。但建文帝军略才能不足，性格懦弱，很多事情也犹豫不决，即使足智多谋的方孝孺在身边出谋划策，为他摆平了很多事情，最后也由于朱允炆的优柔寡断，没有采取方孝孺的策略，以失败告终。

当初朱棣带领军队从北平出发，靖难之役的主要策划者姚广孝对朱棣说："攻下南京的时候，他一定不会投降，希望你不要杀他，杀了方孝孺，天下读书的种子就灭绝了。"

燕王进京后，文武百官见风使舵，投降燕王。方孝孺始终拒绝投降，结果被捕下狱。

明成祖朱棣也十分爱惜如此一位名士，不忍心将他杀害。况且，方孝孺的正直名声可以巩固自己的新政权。于是，他想尽一切办法笼络，但方孝孺不为所动。

朱棣想让方孝孺起草即位诏书。方孝孺被召到朝堂，他哀伤悲恸的哭号响遍大殿。朱棣走下卧榻安慰他说："我本来并不想夺王位的，我来南京只是效仿西周周公辅佐成王的故事。"

方孝孺瞪视他，说："你说你是来辅佐成王的，那成王呢？！"成王是指建文帝朱允炆。

朱棣表示："朱允炆自绝天命，我也没有办法"。

方孝孺说："那为什么不立成王的儿子？"朱棣回答说："国家有赖于成年的君王，成王的儿子还小。"

方孝孺又问："那成王的弟弟呢？"

朱棣忍住怒火："这是我们朱家的事情，不劳你费心！"

之后，朱棣回头示意侍卫把纸笔交给方孝孺。但是方孝孺拒绝起草诏书，拿起笔，写下"燕贼篡位"四个大字。

朱棣忍无可忍，对方孝孺说道："难道你就不怕死吗？"

"死就死，反正我是不会起草这份诏书的！"方孝孺硬气地说道。

朱棣又说："你就不怕被诛九族吗？"

方孝孺说："十族又怎样！"

此时的朱棣十分气恼，命人用刀子从方孝孺的嘴两侧割开，一直割到耳朵才停止，并大声怒问他。但是，即使已经满脸是血，方孝孺也不屈服，仍然拒绝投降！

之后，朱棣下令逮捕方孝孺的亲属，包括所谓的"第十族"——朋友门生，并且将他们在方孝孺面前一个个处死。方孝孺的弟弟方孝友在被押去刑场的时候，并没有怨恨哥哥，反而在死前不断安慰开解方孝孺……方孝孺的妻子和两个儿子事先自缢身亡，两个女儿一并跳入秦淮河中溺死。

最终，因方孝孺而牵连受刑的人多达873人。

方孝孺看着一个个亲属朋友在自己面前被行刑，悲恸欲绝，大骂不止，被朱棣凌迟处死。这位忠臣到死都没有屈服在朱棣的残暴之下。

方孝孺在被处死之前，写下绝命之词：上天降下战乱忧患啊，谁知道这其中的原因，奸邪的臣子如了愿啊，为了夺取皇位、权力耍弄计谋。忠正的臣子愤怒悲怨啊，血泪不停地流；用这些血和泪为君殉葬。悲鸣啊，大概不是我的怨恨责怪……"方孝孺被杀那年，正当四十六岁。

方孝孺的死体现了他死效家国、以死效道的人生本质，但终归令人惋惜。朱棣之子朱高炽曾说过："方孝孺现在还有亲人吗？他是忠良之辈啊，朕要下诏宽待方孝孺等人的后人或亲戚。"南明弘光帝时，方孝孺被追谥"文正"。

> **蔡公曰** 方孝孺一迂儒耳，观其为建文立谋，无一可用，亦无一成功。至拒绝草诏，犹不失为忠臣，然一死已足谢故主，何必激动燕王之怒，以致夷及十族，试问此十族之中，有何仇怨，而必令其同归于尽乎？燕王任情屠戮，考诸历史，即暴如桀纣，亦不至若是之甚。

郑和下西洋

朱棣即位后，有传闻说建文帝没有死，而是跑到了云南，然后流亡海外。为了寻找建文帝的下落，朱棣派宦官郑和带领一支船队出海寻访，但对外宣称此举是为"宣示威德"。

郑和的船队规模很大，有大船六十二艘，水兵三万七千多名，从苏州刘家港（今江苏太仓东浏河镇）出发，沿海向南，直达"占城"（今越南一带）。

郑和带领船队继续前行，抵达了三佛齐王国（位于马来半岛的一个东南亚国家）。当时，三佛齐王国被一个叫陈祖义的海盗（祖籍广东潮州）所占据，郑和带人去见陈祖义，劝他每年向大明朝廷纳贡。

陈祖义拒绝了郑和的建议，郑和便领兵攻打他，陈祖义抵挡不住，只好向附近的邻国求助。此前，郑和已经派人去招降周围的国家，并且人获成功，所以，邻国都拒绝援助陈祖义。

陈祖义走投无路，准备连夜潜逃，却被郑和捕获。郑和召集当地居民，在向他们宣告了陈祖义的罪状之后，让他们重新推选"国王"，以后按时向明朝纳贡。

之后，郑和在招降了尼科巴、巴拉望、麻尼拉（今马尼拉）等国

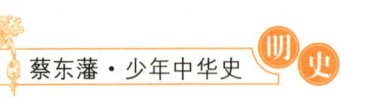

家后，率领船队回到中国。

朱棣知晓了郑和在海外的功绩，很高兴，命令郑和载着金银珠宝继续下西洋，去赏赐那些愿意归附大明的属国。郑和不辱使命，完成了朱棣交代的任务。

郑和完成任务后，并没有马上回国，而是继续向西航行，来到了锡兰国（今斯里兰卡）。这个国家气候炎热，草木繁盛，奇珍异兽不少。锡兰国的酋长叫亚列苦奈儿，他听闻郑和来使，殷勤招待。

那亚列苦奈儿养了不少诸如老虎、狮子、大象之类的猛兽，国民若是犯了罪，他便将罪人扔到猛兽旁，任由其撕咬。一天，亚列苦奈儿邀请郑和去观看斗狮子，郑和觉得对方不怀好意，便借故推辞，并决定离开锡兰国。

那亚列苦奈儿的确没安好心，他本想趁郑和来看斗狮子的时候，杀害郑和，不承想郑和没有中计，还要走。亚列苦奈儿知道自己的阴谋败露，于是派兵追赶郑和。

郑和见对方追来，领兵还击，一举击败了锡兰国的军队。亚列苦奈儿又放出猛兽，想要借猛兽之力打败明军。明军见状，架起大炮猛轰，猛兽掉头就跑，反倒把锡兰国军队的阵型冲乱了。郑和趁势发起反击，活捉了亚列苦奈儿，并将他一家人都押送回明朝。

朱棣听说这件事后，非常高兴，赏赐了郑和。

数月之后，郑和再次请求出海，朱棣批准。这一次，郑和率领船队来到了苏门答腊。

当时，苏门答腊正在内讧——国王将太子抓了起来，太子手下心腹出逃，正好碰到了郑和的船队。太子心腹把苏门答腊国内的局势告诉了郑和，郑和觉得这是个招降苏门答腊的好机会，于是便与太子联合起来，推翻了原本的国王。

太子成为新国王后，郑和让他向明朝称臣纳贡，新国王不肯答应，郑和斥责对方忘恩负义，于是率兵围困苏门答腊王宫，并擒住了新国王。

此后，郑和安抚当地居民，又扶持了一个愿意臣服明朝的新国王。附近许多其他小国听说这件事后，纷纷表示愿意归附大明。

此次下西洋，郑和抵达了吕宋（今菲律宾一带），在吕宋国王表示愿意称臣后，郑和才返回中国。

郑和一生共七次下西洋，虽然收获颇丰，但也耗费巨大，最初的

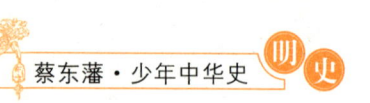

六十多艘船到最后只剩下十几艘。但是，朱棣并不因此责怪郑和，船队一切损失朱棣全不过问。

郑和下西洋的过程中，也把许多中国货物带到了海外，海外的商人、百姓很喜欢中国货物，于是经常有人前来贸易，中国东海、南海一带出现了许多外国船只，航路逐渐畅通，国与国的交流更加频繁。

> **蔡公曰**
>
> 郑和出使事，虽宣威异域，普及南洋，为中国历史所未有，然以天朝大使，属诸阉人，亵渎国体，毋亦太甚。且广赍金帛，作为招徕之具。人称郑和为有功，吾独未信。

外固边疆，内安东宫

洪武初年，明太祖将陈日熞册封为安南国王。不久，陈日熞去世，他的侄子陈日熞继承王位。不幸的是，王位还没有坐热，陈日熞就被哥哥陈叔明杀了。陈叔明杀掉弟弟后，直接自立为王，效仿陈朝历代国王的做法，派使臣向明朝进贡。没想到明成祖却责备他，说他不仁不义。

陈叔明心中不高兴，但依然假装臣服的样子，说自己做错了，这就把王位让给弟弟陈日熞。明成祖对他的这一做法很是满意，但没想到陈日熞很快也抱病而亡，由弟弟陈日焜即位。虽然陈朝短短一段时间就更换了三四代君主，但实际上，这段时间，陈叔明一直掌握着朝中大权。

陈叔明有个女婿，叫黎季犛，是个智勇双全之人。他帮助岳父击退了死对头——占城兵。陈叔明很是高兴，就让他跟自己一起执掌朝政。陈叔明病逝后，黎季犛露出了本来面目，大肆杀害陈氏王族，直接把儿子立为国王。安南的老臣裴伯耆看不过去，就到明朝向明成祖告状。陈日熞的弟弟陈天平也跑来，请求明成祖出兵为自己的兄长复仇。

明成祖听了他们的诉说，觉得黎季犛真的是无法无天，立刻出兵责罚他。迫于成祖的威压，黎季犛急忙认错，还表示愿意恭迎陈天平回国。成祖见他认错态度良好，就相信了他说的话。没想到，黎季犛竟然提前派兵，埋伏在陈天平回国的路上，直接偷袭他们，并杀了陈天平和明成祖派去保护陈天平的将军。

收到消息的明成祖气坏了，直接发兵八十万，命令朱能带兵南征。

很快，安南就被平定。成祖直接将安南改为郡县，纳入明朝版图。

处理好边疆事务后，宫中又出了点儿棘手的事情。

成祖有一位十分贤良淑德的徐皇后，常年陪伴在成祖身边，不仅经常规劝他要时常记挂着百姓，还经常告诉嫔妃们也要多多规劝皇帝。她的声望很高，大家都很喜欢、敬重她。不幸的是，她在永乐五年（1407）因病去世。成祖感到十分悲痛，追谥她为仁孝皇后。

成祖封长子朱高炽为太子，对次子朱高煦赐封云南，但是朱高煦不愿意去，一直留在北京。不仅如此，他还任用天策卫为护卫，开设幕府，增设护卫。私下里，他还经常跟信得过的手下说自己想当李世民。

一天，他和太子、太孙一起祭拜孝陵。太子体型较胖，腿脚又患了病，只能由人搀扶往前。朱高煦看到，别有深意地说道："前人蹉跌，后人知警。"没想到太孙朱瞻基忽然接了句："还有后人知警呢。"这倒把朱高煦吓了一跳，但他依旧自负。

明成祖虽然已经立了太子，但也忘不了朱高煦的功绩。每每想跟大臣谈论东宫的事情，大臣们就夸赞太子是如何贤明，他就不好意思再说什么了。

> 我没有惦记哥哥的皇位!

> 可惜我预判了你的预判。

后来,朱高煦越来越自负,越来越骄纵。直到他想要谋反、私自造兵器的事情被明成祖知道,明成祖才彻底对他失望,本想把他废为庶人,幸亏太子劝解,才暂时把山东封给他。

蔡公曰:明代之好大喜功,莫如成祖,观其讨安南,征漠北,莫非穷兵黩武之举。彼盖因得国未正,惧贻来世口实,不得不耀武扬威,期盖前愆于万一,然已师不胜劳,财不胜费矣。

生于战场、死于战场的皇帝

自从明成祖击败阿鲁台,又过了一年,瓦剌部的酋长马哈木杀害了鞑靼的大汗本雅失里,又立答里巴为大汗,自己掌握政权。

阿鲁台知道后,派人禀告明成祖,又表示自己可以率领本部为明成祖讨伐马哈木。明成祖听后很高兴,一边封阿鲁台为和宁王,一边斥责马哈木,让他派使臣来朝贡。

但是马哈木没有听明成祖的命令,于是明成祖下诏亲征,带了柳升、郑亨、陈懋、李彬和皇太孙朱瞻基等人向北出发。

永乐十二年(1414)六月,大军到达三峡口。前锋刘江遇到数千名敌人,一鼓作气将他们全部击退。明成祖通过此事猜测敌人的大部队会马上到达,于是命令将士们提高警惕。

又往前行进了一段路程后,果然发现了大批敌军。明成祖命令军队进攻,看见军队与敌军交战,分不出胜负,于是亲自冲锋陷阵,横扫敌军。马哈木败阵而逃,敌军也跟着溃散。

明成祖大胜以后回到都城,马哈木供上了好马来谢罪,谢罪的言辞非常卑微。

又过了一段时间,阿鲁台兵储渐富,变得桀骜起来。明成祖斥责他,他也全然不改,反而派军队入侵边疆。

明成祖认识到了问题的严重性,决定迁都北京,以便控制胡人。永乐十九年(1421)春,迁都成功。

明成祖与一众大臣商议北征,兵部尚书方宾说粮食储备不够,不便兴师。明成祖听了很生气,于是让侍郎张本去往山东、山西、河南等地准备作战所需。

到了第二年春天,明成祖率领大军启程。大军到达鸡鸣山时,探子禀报说阿鲁台逃走了,不见踪迹,众将领请求带兵深入。

明成祖却说:"阿鲁台没有其他计谋,只是贪婪罢了,他得到了想要的东西就立刻逃走,我们率兵追他没有任何益处。况且这里草青马肥,不如我们出其不意,直抵敌军的老巢?"于是,大军慢慢前进,一路上没遇见任何敌军,就好像到了无人之境。

到了六月,开平的探子向明成祖禀报阿鲁台即将进犯,提议众将领兵分几路迎敌。

明成祖知道后说:"这是阿鲁台的计谋,不能相信,他怕我率兵直捣他的老巢,所以假装出兵,牵制我们的军队。如果我真的兵分几路,就正好中计了。"于是,大军疾驰迎接敌军,敌人果然逃走了。

大军到了沙湖原时抓住了阿鲁台的部下,对他们一一审问。他们说:"阿鲁台听闻大军即将到来,变得十分恐慌、害怕。他的母亲与妻子都骂他没有良心,辜负了大明皇帝对他的信任。阿鲁台无奈到了极点,只能抛弃家人、牛、羊、骆驼、马匹和军械,只身逃往北方。"

明成祖没收了阿鲁台抛弃的牛、羊、骆驼、马,焚毁了军械,然后率领大军原路返回。

阿鲁台仗着自己变得强大开始违抗皇帝的命令后，就与兀良哈三卫相勾结。明成祖认为既然兀良哈三卫与阿鲁台勾结，过不了多少时日，兀良哈也会侵犯边疆。

明成祖决定再次北征。他对众将士说："阿鲁台把兀良哈当作羽翼，所以敢谋逆。如今阿鲁台逃往北方，兀良哈势单力薄，正是我们进攻的好时机。我们应该出兵讨伐，平定兀良哈的叛乱。"

明成祖随即挑选了数万精锐，兵分五路，又亲自率郑亨、薛禄等人前往西路。

等大军到了屈裂儿河时，兀良哈率领数万士兵前来抵抗，但是却忽然陷入沼泽中。明成祖随即指挥骑兵向敌军冲杀过去，斩下敌人的首级数百个。敌军也相互践踏，势力微弱且散乱。

明成祖在高处向远方瞭望，看见敌军又开始聚集，料到敌方援兵即将达到，于是命令将士拿着神机弩潜伏在森林中，分左右两翼夹击敌方援兵。

敌军集中攻击左侧的军队，左翼军假装撤退，把敌军引入森林深处。等到时机差不多了，左翼军一声令下，正在埋伏的士兵一起出动，弓箭就好像飞着的蝗虫向敌军射去，敌军惊恐溃散。

左翼军不再假装撤退，开始反攻，右翼军也猛烈地攻击敌军背部。敌军腹背受敌，死伤无数。大军乘胜追击，又前进了三十余里，捣毁了兀良哈三卫的老巢。

明成祖下令大军班师回朝，到都城接受朝贺。

第二年七月，明成祖又收到阿鲁台入侵边疆的消息。他命令皇太子监国，亲自北征。

生于战场、死于战场的皇帝

大军向北前进一个多月,到达了沙城。阿鲁台的属下阿失帖木儿、古纳台等带着妻子与儿女出城投降。

明成祖详细地向他们询问了阿鲁台的情况。阿失帖木儿回禀说:"今年夏天,阿鲁台被瓦剌部打败,军队和属下溃散了,势力逐渐衰微。现在他听闻大军讨伐他,必将快速地逃跑躲避,怎么还敢向南侵犯大明的边疆呢?"明成祖听完他的话非常高兴,对他进行了奖赏。

大军依然继续前进。到了庄堡,先锋陈懋向明成祖禀报说,鞑靼的王子也先土干带着家眷来归顺大明。明成祖十分高兴,当即封鞑靼王子为忠勇王,赐名叫金忠。他又封鞑靼王子的外甥把罕台为都督,封鞑靼王子的属下察卜等为都指挥,赐予他们冠带织金袭衣。随后,明成祖下诏回京。

又过了一年,也就是永乐二十二年(1424),有探子禀告明成祖阿鲁台再次谋逆。忠勇王金忠请求明成祖发兵,他愿意做前锋。于是,明成祖大举北征。

大军到了隰宁,还是没有见到敌军的踪迹。恰逢金忠的部将把里秃抓获了敌军的哨兵,哨兵说阿鲁台早已逃跑,现在应该在答兰纳木儿河处。

于是,大军开始疾驰。到了开平后,明成祖派伯力哥对阿鲁台的属下说:"大明的军队远道而来,只罚阿鲁台一个人,如果头目以下的人投诚归顺,我就会厚待他,绝不食言。"

伯力哥回来后,禀报说阿鲁台的部下大多已经逃跑,无法向他们传达信息。明成祖决定前往答兰纳木儿河。

沿途发现许多遗骸,明成祖命令将士们埋葬这些白骨,并为他们祭奠。

快到答兰纳木儿河时,先锋金忠等人并未发现阿鲁台的踪迹。明成祖又派人搜寻山谷附近三百里的范围,发现四周只有蔓草荒烟,并没有敌军。

此时人与马都很疲惫,而且大军所带的粮草马上就要用尽,明成祖便下令返回都城。

大军返回到榆木川时,明成祖已经气息奄奄,无药可救了。明成祖知道自己如今的境况,便传召了英国公张辅,向他嘱咐后事:将皇位传给皇太子朱高炽，丧礼按照高皇帝规定的来办。明成祖刚说完，又喊了几声疼痛，随后就崩逝了。

明成祖死于六十五岁，谥号是文皇帝，庙号是太宗。到了嘉靖十七年（1538），他的庙号改为成祖。

太子朱高炽登上皇位，以次年为洪熙元年，史称仁宗皇帝。

> **蔡公曰** 阿鲁台、马哈木等，叛服靡常，原为难驭之寇。然成祖一出，靡战不胜，其不足平可知矣。此后即有犯顺消息，可遣一智勇深沉之将，如英国公张辅者，出为战守，当亦足了此事。乃必六师远出，再三不已，万里闲关，甚至不见敌军踪影，何其仆仆不惮烦乎？好酒者以酒亡，好色者以色亡，好兵者以兵亡，成祖诚好兵者哉！然以滥刑好杀之成祖，犹得令终，吾尚为成祖幸矣。

朱高煦贼心不死

朱高炽正式即位之后，改年号洪熙，立刻命令心腹将先皇朱棣曾经降罪的一些大臣从狱中释放出来，官复原职。紧接着，重用杨荣、金幼孜、杨士奇等人。杨荣与杨士奇尽忠效力，越发得到朱高炽重用。两人一同升为尚书，内阁的职务渐渐重要起来。

朱高炽从小就和太祖皇帝一起阅览奏章。朱高炽博闻强记，用心留意细节，看到涉及百姓利益的奏折一定会率先拿出来给太祖皇帝看。在还是皇太子的时候，他时常因为一些小事被两个弟弟栽赃陷害。朱高炽并不记仇，始终以诚相待，因此少去不少口舌祸事。他即位后重用三杨（杨士奇、杨荣、杨溥），政治清明，仁政为先，百姓得以休养生息，一派太平盛世的景象。

后来，朱高炽册立儿子朱瞻基为皇太子，其他皇子得到封号后去往封地，不得留京。他命太子朱瞻基留驻南京，仍有南迁都城的意味。他还下诏将北京改名为行在，其心可表。

朱高炽在位期间以仁德治天下，不仅赦免了建文帝时期的旧臣，还放还了永乐时因连坐罪被判戍边的家属，恢复了魏国公徐钦的爵位。他屡次告诫法司要慎重量刑，不要出现冤假错案，并诏谕杨士奇、杨荣、金幼孜三人，给先朝的冤屈大臣平反，还时常免租税、施赈款。

洪熙元年（1425）五月，朱高炽得了重病，没过多久就生命垂危、病入膏肓了。朝廷急忙命中官海寿去南京召皇太子瞻基回朝。宣旨太监刚刚到达南京，朱高炽就归天了。太子朱瞻基没有耽搁时间，当天即从南京向北京进发。

这时候，有谣言说汉王朱高煦早已在途中设下埋伏，准备袭击太子朱瞻基。太子的左右都请求加派护卫，或者从小路北行，不愿意让太子以身犯险。太子朱瞻基正气凛然，坚持走正路，不肯为谣言妥协，径直骑马入都。

太子朱瞻基一路人赶到良乡时，在此等候多时的奉旨太监与大臣们立即传位于皇太子，命太子十天之后继承皇帝位，追尊皇父为昭皇帝，庙号仁宗，遵皇后张氏为太后，又因后妃谭妃以死殉主，追封她为昭容恭禧顺妃。

朱高炽在位一年，享年四十八岁。但实际上，朱高炽代替朱棣处理朝政的时间很久了，在大臣心中留下了很深的印记。太子瞻基即位后，改年号宣德，历史上称他为宣宗。

朱瞻基立锦衣卫百户侯胡荣的女儿胡氏为皇后，接着又册封侧妃孙氏为贵妃，将翰林学士杨溥纳入内阁，与杨士奇等同参机务，命大理寺卿胡概、参政叶春巡视南方，拔除很多贪官污吏，反响很好。从此，每逢全国各地遇到灾情乱事，朱瞻基都会派大臣前去巡视。后来，他设置了固定的人员。自此以后，三司的职责比以前轻了很多。

汉王朱高煦迁居乐安之后，仍然心怀不轨，对谋权篡位抱有幻想。这次听说朱高炽突然驾崩召回太子，他确实打算中途偷袭，但是因为时间太紧没来得及实施。朱瞻基始终对手足骨肉抱有一丝侥幸，宁愿汉王负他，也不肯先负汉王。朱高煦心中却并不顾及所谓的叔侄情深，这时候正在日夜赶造军器，招募壮丁，放出死囚犯为自己效命，不停地招揽亡命徒夺取各地金银财宝以及百姓的马匹，编立军队，任命官职，派人约山东的都指挥使靳荣接应，准备先夺取济南，然后直入京城。

御史李浚的家乡是乐安的。本来他已经辞官回乡，得知这个消息后，急忙丢下家里人换上朝服，从小路匆匆赶到京师，上疏禀报。山东官员这时候也来京报告情况，恰巧朱高煦派心腹枚青约见英国公张辅，请他作为内应。张辅即刻将枚青捉拿，并报告皇上。朱瞻基派中官侯泰给朱高煦发去诏书，一再规劝，希望他顾及叔侄亲情。

朱高煦反而越发不平。过了几天，朱高煦派百户侯陈刚递上奏折。奏折中尽是些大不敬的话，并认为夏原吉是罪魁祸首，一定要朱瞻基将他诛杀。朱瞻基大动肝火，连夜将诸位大臣召来商议，准备派阳武侯薛禄讨伐朱高煦。

大学士杨荣劝诫朱瞻基不要忘记李景隆的祸端。朱瞻基在大臣们的连番上奏劝告后决定即刻起兵御驾亲征，杨荣也劝朱瞻基亲征。

朱瞻基召张辅入内，与他商议亲征的事情。张辅却认为朱高煦有勇无谋，外强里弱，给他一些人马，他就可以代劳。杨荣却觉得不如出其不意，正好彰显天子威严。

朱瞻基最终决定亲征，将朱高煦的罪状申告天地祖宗、山川诸神，留郑王瞻埈、襄王瞻墡居守京城。他又下旨派指挥使黄谦以及平

朱高煦贼心不死

江伯陈瑄出守淮安,防止朱高煦南逃。部署完毕之后,朱瞻基统率五军将士,当天出京迎战,战鼓声远达百里之外。

朱瞻基命人将招降的敕书绑在箭上,射入城中。在信中,他详细说明了投降的利害关系。城里面的人看了敕书,都想捉拿朱高煦邀功。朱高煦狼狈至极,偷偷派心腹到御帐前面见皇上,要求给他一晚上的时间,与妻儿诀别后便出城投降。

朱瞻基恩准。当晚,朱高煦将打造的兵器、与各处勾结联系的书信,全部付之一炬,火光齐天,通宵不绝。天亮的时候,朱高煦溜出城门,来到朱瞻基的帐前俯首待罪。群臣都说应该将他正法。朱瞻基依旧心软,群臣又用"大义灭亲"四个字,坚决请求加刑。

朱瞻基没有答应，只是令朱高煦入见，并取出群臣的奏章拿给朱高煦看。朱高煦看完之后，面色如土，急忙叩头说道："臣罪该万死，是生是死，由陛下决定。"

于是，朱瞻基命令朱高煦写信，将几个儿子一起召到京师，又把朱高煦的家眷全部召集起来送往京城。朱瞻基虽然将他们贬为庶人，但在西安门内建造一室，称为逍遥城，关押朱高煦夫妇，饮食像平常一样供奉。不过，他诛杀了王斌、朱恒等人。

朱高煦被关押几年后，朱瞻基亲自前去探视。见朱高煦坐在地上，衣衫不整，丝毫没有皇室血脉的尊贵，他免不了训斥几句。谁知朱瞻基转身刚想回去，朱高煦竟然伸出脚，故意把朱瞻基绊倒在地。朱瞻基勃然大怒，让人搬来一口铜缸罩住朱高煦。那铜缸三百多斤重，是好几个宫人共同抬进来的，但朱高煦用力往上举缸挣扎，缸竟然被他挪动了。朱瞻基气愤不已，又命令宫人用炭火熏缸。没过多久，炭火就将铜缸烧得发红，任朱高煦力大无穷，此时也无力回天，他只能活活困死在缸中。

> **蔡公曰** 仁宗在位，不过一年，而任贤爱民，善不胜书。史称天假之年，俾其涵濡休养，则德化之盛，应与汉文景比隆，是仁宗固不愧为仁也。高煦不道，竟欲上效乃父，借口除奸，幸宣宗从谏如流，决意亲征，六师一至，煦即失措，出城乞降，席藁待罪，彼才智不逮成祖，而君非建文，臣非齐黄，多见其速毙已也。厥后铜缸燃炭，身首成灰，何莫非煦之自取乎？明有仁宣，足与言守成矣。

后宫风云

宣德三年（1428），内外纷争不断，皇宫之中更是为了册立皇后之事闹得风起云涌。宣宗在时已经册立胡氏为皇后，孙氏为贵妃，不过两年就闹出一件废后的大事。

究竟是怎么回事呢？原来，孙贵妃虽然出身没有胡皇后显贵，仅仅是永成主簿孙忠的女儿，可是她自小钟灵毓秀，聪明非凡，是一个难得的美人。

机缘巧合之下，她被当朝张太后的母亲看到，觉得十分投缘，对她也十分疼爱，不仅带到宫中抚养，还在成祖皇帝为皇太孙选妃的时候推荐了她，说她品行贤明，应该被选为太孙妃。成祖含糊答应。七年之后，太孙长成，亲自奉成祖旨意选妃。司天官上奏说明星象，给太孙指明应在济河寻找命定佳人。正巧济宁百户侯胡荣生了七个女儿，将第三个女儿送入宫中选秀。成祖见她文静淑良，仪态端庄，一时间喜不自胜，封她为太孙妃。张太后的母亲听说此事后，愤愤不平，马上入宫面圣，请求成祖改封，但是成祖主意已定，不愿改封，但也不愿失信，于是将孙氏封为太孙的嫔妃。

仁宗继位后，张太后正位，太后的母亲又在太后面前多加抱怨，对此喋喋不休。张太后向来不愿意插手这些杂乱的事情，于是保持沉默。不管母亲怎么说，她都不肯开口。宣宗即位时，对孙氏多加倾慕，册立皇后的时候，便立孙氏为贵妃。

在明初定例中，册封皇后时使用金宝金册，贵妃只有金册没有金宝，宣宗为此特意命尚宝司制成金宝赐给孙贵妃。

孙贵妃婀娜多姿，千娇百媚，又极为聪慧，百般取悦皇上，几乎将他玩弄于股掌之中。

宣宗年过三十，还没有儿子，内心不免多有烦忧，不止一次和孙贵妃提及此事，还说："皇后有病不能生育，你没病也不能生育，难道朕命中不该有儿子吗？"孙贵妃听此言后，娇媚地跪下回答说，自己久承皇恩，近来身体多有异样，已有一个多月，有可能是怀孕了。

宣宗大喜说道，如果孙贵妃生下皇子，那就立孙贵妃为皇后。孙贵妃故作姿态，称不愿意与皇后争夺后位，让陛下不要用这种事情来哄自己开心。皇帝大笑，称赞她是一位合格的妃子，亲自把她扶起来，说了很多甜言蜜语，其中不免有厌烦皇后的话。

时光流逝，辗转多月之后，孙贵妃果然生下了第一位皇子。宫人立即禀报宣宗。宣宗喜出望外，到贵妃宫中探望。贵妃生的皇子哭声响亮，一看就健康。宣宗春风得意，给儿子取名为祁镇，并且慰劳了贵妃。接着，他走出内宫，传旨大赦天下。

然而事实上，这个皇子并非贵妃所生，不过是贵妃想要谋夺后位的手段罢了。她暗中与怀孕的宫女缔结盟约。宫女恰巧生了男孩，于是便取来当作自己的儿子诓骗宣宗。宣宗哪里知道这些小动作，还真的以为自己有了亲生皇子，没过几日就准备立他为太子。朝中大臣看出皇帝的意思，纷纷上表启奏。宣宗召见几位心腹大臣，说自己而立之年好不容易得到一个皇子，皇后久病不孕，如今贵妃母凭子贵，既已决定立他为太子，生母的位分应该怎么处置，希望各位大臣想想办法。

宣宗又说了一些皇后的坏话。他的心腹杨荣顺水推舟提议废后。宣宗怕引起非议，便继续追问有没有更好的理由。谁知大臣们觉得一国之母的事情实在不敢非议。宣宗依旧担心天下悠悠众口，怕自己像宋仁宗一样被非议，但又实在没有好的解决办法，只能气愤离开。

商议多日后，杨士奇想出一个办法，就是想要劝皇后退位，要先立朱祁镇为太子。孙贵妃欣喜至极，嘴里却一直推辞。宣宗表示，自己已经决心将她立为皇后。正在这时，胡皇后上疏辞位，宣宗命她退居长安宫。胡皇后素来喜爱宁静，退位之后更加深居简出。张太后见此，十分怜悯，将她叫到清宁宫居住。在后宫举行宴会的时候，她还故意将胡皇后的位置设得高于孙皇后。孙皇后有苦难言，只能隐忍，毕竟她借子上位对胡皇后来说十分不公。后来，宣宗也暗暗后悔，给胡皇后赐号为静慈仙师。

宣宗出巡击败敌军后两次巡边，几年后忽然患病，病重之时令朱祁镇继位，并要求国家大事必须禀报张太后才可以颁布。朱祁镇此时年仅九岁。朝中谣言四起，张太后不得不亲临乾清宫，告诉大臣们要辅佐幼主，不能辜负先帝。

朱祁镇继位后，封弟弟朱祁钰为郕王，伺候朱祁镇的内官王振也因此摇身一变入职司礼监，更加肆无忌惮。

太皇太后去世后，朱祁镇将太祖立于门前写有"内官不得干预朝政"八个大字的铁牌掘走。他听信身边太监的传言，不分青红皂白，不仅暗中杀害大臣，还纵容亲戚冤害官眷。

> 这、这可是太祖所立。

> 这官里现在我说了算！

内官不得干预朝政

大臣们苦不堪言。但是朱祁镇与王振感情甚笃，甚至对王振的话深信不疑。到后来，王振会假借英宗之号做事，越发得意忘形。

对此，朝中大臣以为朱祁镇不会坐视不理。没想到，这仅仅是开始。

蔡公曰　明代守文令主，莫若仁宣，著书人未尝讳过，亦未敢没功。律以董狐直笔，紫阳书法，庶几近之。且于太皇太后张氏，及大学士杨士奇，极力表彰，无美不著。明多贤后。若太皇太后张氏者，其尤为女中人杰乎？

土木堡之变

太皇太后去世后,王振不仅以权谋私残害朝中大臣,还插手朝政。朱祁镇不仅不对他进行约束,反而越发倚重。没过多久,杨士奇病逝,大学士杨溥独自一人难以力挽狂澜,没过两三年也抑郁而终。王振独揽大权。朝中忠臣弹劾王振,都被他残忍处死。大理寺丞只因说中官是老奴,就被发配边疆。光禄寺卿谄媚权贵,对王振奉如亲爹,因此加官晋爵。其他官员见此结果,每次朝见前都会去王振府上奉上金钱,以获得王振青睐。

这时候,西北烽烟再起。

警报像雪片一样飞入京城。朱祁镇只信任王振,于是询问王振的想法。王振说:"我朝在马上得天下,太祖、太宗都是亲经战阵,皇上春秋鼎盛,年力方刚,应该效仿祖宗,出师亲征。"

朱祁镇听了这话,龙颜大悦,于是召集群臣,准备北上击败敌军。这时,兵部尚书邝野、侍郎于谦一再劝阻,朱祁镇自以为万事俱备,不肯听从。

吏部尚书率百官再三谏阻,朱祁镇也不肯采纳,后来竟然亲自下诏命令郕王居守京城,自己率领六军亲征塞北。

英国公张辅以及公、侯、伯、尚书、侍郎等人一律随行，士兵多达五十万。王振侍奉朱祁镇左右，寸步不离，沿途事宜，朱祁镇也都让王振做主。

到了居庸关，大臣们请旨驻扎，全部被王振驳回训斥。到达宣府的时候，接连几天的恶劣天气惹得士兵怨声载道，大臣们接连上疏请求扎营。

王振发怒说，朝廷养兵千日，用兵一时，还没有看见一个敌人，就想回去，再有人多说，一概军法处置。于是，麾兵再进。一路上，王振威风凛凛，没人再敢说什么。

成国公朱勇等人上奏，全部被要求跪着听命。尚书邝野、王佐等人言语中稍稍不让王振满意，动辄被罚跪，一跪就是一天。

钦天监正彭德清是王振的心腹。他嘱咐王振，皇上御驾亲征，和从前在宫中不同，如果有什么疏忽，会危及皇上的安危，要王振多加注意。

王振却回答，生死有命，都是天意，对此丝毫不在乎。学士曹鼐进言说，臣子的性命倒是没什么关系，只是皇上的安危影响社稷安危，不能轻易决定。王振始终自以为是，不肯听从。

到了阳和，军队里已经开始缺粮，士兵们没有上战场被饿死的就有很多。王振对此不管不顾，仍然决定北行。走到大同时，中官郭敬秘密阻拦王振，王振才有了返回的想法，下令班师回朝。

大同总兵郭登、学士曹鼐等人奏请车驾速速进入紫荆关，才能保证皇帝万全。曹鼐转告王振，王振依旧自以为是。王振是蔚州人，想邀皇帝去自己家中看看，于是就率大军向蔚州进发。后来又担心损及家乡的禾苗,才改道宣府。这时忽然得到消息,说也先率众来追,马上就要到达。王振毫不在意,只派朱勇率领三万骑兵去拦截也先。朱勇年轻气盛,没有将也先放在心上,进军到鹞儿岭的时候,被敌兵左右夹攻,最后全军覆没。

邝野听到全军覆没的消息后,立刻请车驾长驱入关,然后让大军断后,可是奏折呈上去之后,并没得到回应。邝野又到行殿请旨,王振呵斥着将他赶出行殿。

王振带着朱祁镇缓慢前进。走到土木堡的时候,太阳还没有落山,距怀来只有二十里,群臣都想赶紧进入怀来以保皇上安全。王振清点运输随行物资的车辆,发现少了一千多辆,就下令驻兵等待。

当时虽然是秋天，但天气仍然炎热。大队人马走了两天，又饥又渴，四下寻找很久都没找到一处水源，内心惊慌不已，就派探子去找水。探子回来后说南面十五里的地方，有一条小河，但敌军的前锋已经到河边了。诸将听说敌军将到，要求立刻拔营前进，可是王振依旧不慌不忙。

半夜，敌军开始进攻，都指挥使郭懋等人急忙上马迎战。杀了大半个晚上，敌人越来越多，早就将营地包围。千钧一发之际，也先的使臣带着议和书前来。朱祁镇命曹鼐派两名通事跟北使一起去。

王振此时却急忙传令拔营。将士们觉得有了逃命的好机会，争先恐后地往回逃。跑了不远，猛然间听到炮声四起，敌军再次逼近。这时明军军心涣散，归心似箭，无法抵挡住敌军的进攻。

敌兵攻势凶猛，明军纷纷要求投降。英国公张辅、泰宁侯陈瀛等人还想抵抗，谁知敌军不停地放箭，张辅等辅臣中箭身亡。朱祁镇终于慌张起来，但只能眼睁睁看着王振，希望他有什么办法。

护卫将军樊忠气愤地说皇上遭此劫难，都是王振的过错，将士伤亡，生灵涂炭，自己今天就为天下杀了此贼！说完，他立即从袖中取出铁锤，将王振杀死。

王振倒地而死。樊忠请朱祁镇立即上马，自己率领骑兵冒死突围。但是事到如今，敌兵层层围堵，没有一条出路。樊忠一直保护着朱祁镇，筋疲力竭，最后不幸身亡。朱祁镇见樊忠已死，心灰意冷，无计可施，只好坐在地上休息。这时竟然有一队敌兵挟持朱祁镇而去。

> 蔡公曰：王振擅权，威逾人主，公侯以下，俱受制于逆阉之手，几曾见刑余腐竖，能杀敌致果者耶？鱼朝恩监军，而九节度皆溃。智勇如郭子仪，且亦在溃散之列。况出塞诸将，不逮子仪远甚，安在其不败衄也。天道恶盈，佳兵不祥，古有明征，矧属阉竖？樊忠一锤，大快人心，惜乎其为时已晚也。

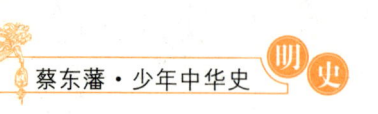

粉身碎骨都不怕

朱祁镇被掳走的消息最终还是传到了朝廷,一并传来的还有英宗纵容王振改道不听劝阻,王振不顾将士生命,闯祸后被将军杀害的消息。

朝中大臣一开始将信将疑,他们刚刚与朱祁钰商量完军情,正准备回家。败军奔进城中,随后几位随行大臣也回来了,他们才相信皇帝被虏的事情是真的。一时间,百官慌不择路,先是禀报了朱祁钰,又禀报了孙太后。宫廷内外顿时举沸,孙太后与钱皇后哭个不停,随行的大臣也仅仅知道皇帝被掳走,剩下的消息一概不知。就这样吵闹了好几天,钱皇后终于忍不住,叫来宫人装了宫内珍宝,恭敬地送到也先的大营,想赎回皇帝。

也先好不容易一雪前耻,岂能这么轻易地放走到嘴的肥肉?他不仅将这些珍宝据为己有,还耍无赖地不肯放过朱祁镇。使臣受辱回到宫中,如实禀报给孙太后。太后没有办法,只能召集大臣商议该怎么救回皇帝。大臣们一会儿说迁都南京,一会儿说固守京都。后来有一位内官指责提议迁都的大臣,说他罔顾人伦,放弃京中陵庙,只顾自己的性命,让人将他拉了出去。

太后实在没有办法，便让朱祁钰代理朝政。朱祁钰颇有帝王之才，虽然临危受命，但是却将此事抗了下来。他先是封三朝老臣于谦为兵部尚书，准备兵甲，固守京城。于谦毫不推辞，虽然知道前面是刀山火海，但为了举国百姓，冒着风险答应了，开始着手准备京都保卫战。

朝中大臣此时开始弹劾王振，说要将他九族斩首，一雪前耻。朝中大臣多年来受他欺压，苦不堪言，如今终于得到机会，自然要好好出口气，甚至大打出手。朱祁钰为了平息大臣们的怒火，抄了王振的家，得到金银财宝无数，也将他上下老小全部斩首。这足以见得王振此人在朝中兴风作浪的威力。但从此以后，朝中风气肃清，朝堂之事再不会看一个阉人的脸色。

也先捉住朱祁镇之后，不仅以礼相待，更是想要将亲妹妹嫁给他，以修秦晋之好。朱祁镇婉拒，并允诺也先等他回到朝廷，定然风光迎娶。

郕王朱祁钰留守京师，免不了有左右侍臣怂恿他继位称帝。他虽然推辞了，但是心中也觉得自己相比于朱祁镇更适合做皇帝。正巧都指挥使岳谦出使瓦剌，回京后口传英宗圣旨，令郕王继承大任。朱祁钰假意推辞了半天。朝中大臣一再坚持，说皇上被掳，皇太子年幼，这种危急关头，不能不考虑宗室礼稷。

朱祁钰再三推辞，经群臣入奏太后，太后降旨，令郕王即位，郕王才受命登基，遥尊英宗为太上皇帝。这年是正统十四年（1449）九月，朱祁钰登基，以次年为景泰元年。

这边朱祁钰称帝上位，那边朱祁镇饱受胁迫压力。也先听说朱祁钰上位，似乎把手中这位皇帝置之度外后，不由得失望。朱祁镇身边的太监投靠也先，献计说应该借口送朱祁镇回京，骗守关者开关迎接，趁势攻下紫荆关，直攻京城。也先大喜，立刻安排发兵，准备榨干朱祁镇最后一点儿价值。

出来迎接的大臣果然中计遇害。也先奸计得逞，长驱直下，京中上下无不愤怒。朝臣想议和，遣人问于谦意见，于谦说自己只知道用兵，其他的一概不知。

也先久攻不下，只好退兵。于谦派罗通乘胜追击，也先三战三败，伤亡无数，只能狼狈逃走。这一场反败为胜的京都保卫战，不仅打败了也先这个心头大患，挽回了颜面，也将于谦于少保送到了风口浪尖。一时间，朝中上下，无不夸赞，但它也为后面的祸事埋下伏笔。

也先退走之后，京师解严。景帝论功行赏，于谦、石亨的功劳最大，遂封石亨为武清侯，加封于谦少保衔，总督军务。

后来，也先派使臣来京，说想送太上皇还驾。朝中大臣开始主张议和。于谦毅然说道："社稷为重，君为轻，千万不要中了敌人的诡计。"于是拒绝来使，传令各个边关塞口，专心固守，不要被敌人所骗。

也先后来多次用计想送回朱祁镇，借此再捞一笔，谁知于谦在朝，旁的大臣不敢有异议。朱祁钰也对大臣们想迎回朱祁镇心有不平，这一番下来，自己拼命守住的江山眼看就要拱手送人。于谦劝朱祁钰说大位已定，谁也不能够再起争议，皇帝之位怎能轻易易主？但是朱家儿孙实在不应该流落在外，迎接回来以礼相待就好。如果敌人有异动，正好借此出兵拓土开疆。朱祁钰觉得可行，于是接回朱祁镇。二人久不相见，相见后相拥而泣。朱祁钰将朱祁镇送到南宫，看似颐养天年，实则软禁。大臣们上奏想见一见朱祁镇，但都被朱祁钰驳回了。

朱祁钰久登帝位，慢慢地想要更换太子，让自己的儿子入主东宫。百官不敢抗命，只好模棱两可地答应下来。随后由礼部置办典礼，选择吉日变更储君，立皇子见济为皇太子，改封原来的太子见深为沂王，下诏特赦，宫廷设宴庆贺。

> **蔡公曰** 郕王祁钰，为英宗介弟，英宗被虏，由皇太后命，立英宗子见深为皇太子，以郕王为辅，是郕王只有摄政之责，监国可也，起而据天位，不可也。昔太公置鼎，汉高尝有分我杯羹之语，而太公得以生还，道贵从权，不得以非孝目之。于公之意，毋乃类是。且诛阉党，拒南迁，身先士卒，力捍京师，卒之返危为安，转祸为福，明之不为南宋者，微于公力不及此。所未慊人心者，第郕王一人而已。

重归帝位

上回说到朱祁钰非要立自己的儿子为太子,为此他与汪皇后闹了大大的不快,最后竟要废后。这究竟是怎么回事呢?

皇后汪氏性格刚正,识大体,明是非,只是她生的都是女儿。太子人选是杭妃所生,朱祁钰想立朱见济为太子,汪皇后阻拦说皇帝从监国到登基已经很幸运了,驾崩之后,应该把帝位交还给皇侄,况且储位已定,不应轻易更改。

朱祁钰听了很不高兴,决心更换太子。汪皇后反复劝阻,惹得朱祁钰动怒,一时间口不择言说汪皇后善妒,应该效仿胡皇后积极让位,而不是无理取闹。

汪皇后遭到这种谴责,心中有苦难说,伤心垂泪一夜,最后令女官代笔写了一封请辞后位的奏章,愿将后位让予杭妃。朱祁钰顺水行舟,得偿所愿,不但援引宣德废后的典故,颁告群臣,而且没等与大臣们商议,就将汪后迁入别的宫室,改立杭妃为皇后。

皇子见济被册立为东宫后,只过了一年多,就染上怪病去世了。

朱祁钰悲恸不已,命人将他葬在西山,谥号怀献。大臣们认为东宫已死,不如仍立沂王,以安定人心。奏章呈入后,朱祁钰心里很不高兴,交由礼部商议。礼部左右为难,只能用"缓议"二字搪塞了事。

大臣们不肯善罢甘休,之前就对朱祁钰擅自改立皇后、重立太子一事不满,如今便步步紧逼,要求朱祁钰朝见太上皇,优待太上皇的儿子。朱祁钰没有回复,但对这些上表的大臣怀恨在心,叫人一顿痛打。大臣们唯恐命丧朝堂,就没人再敢提此事。

转眼间已是景泰七年(1456),元宵节刚过,皇后杭氏患了风寒,起初是寒热交加,后来病情加重,没过多久,便一命呜呼了。

杭皇后本来深得皇帝宠爱,病逝之后,宫里的几个妃嫔都没有什么才貌,不被朱祁钰喜欢。朱祁钰决定选秀女,终于得到一个美人。她体态轻盈,身材婀娜,性情雅,惹得朱祁钰兴高采烈,一时上头,封她为唐妃。过了半年,又晋封她为贵妃。每次游览西苑,朱祁钰必定让贵妃相随。他还增建御花房,搜罗各省的奇葩异草,讨她欢心。渐渐地,朱祁钰不再处理朝政,引起了大臣们的不满。

好梦难长,彩云易散。景泰八年(1457)元旦,朝贺礼结束之后,朱祁钰身体抱恙,百官前去问安。后来,朱祁钰的病越来越重。

当年倡议南迁的徐珵改名为有贞,字元玉。石亨等人来到徐有贞家,说到复辟大计,徐有贞非常赞成,但说要先通知南宫。第二天黄昏,石亨等人通知徐有贞,说已经得到南宫的消息,请及早定计。徐有贞抬头看天象,然后对石亨等人说道:"紫微星已有变化之势,事情就在今晚,不可错失良机。"其他大臣各自离去筹备。徐有贞焚香祝天,祷告一番,然后与家人诀别:"事成之后,功在社稷,我们共享荣华富贵;否则必定招来杀身之祸,只有做鬼之后再回来相见了。"家人设法挽留,徐有贞主意已定,挥袖离开。

重归帝位

那时已是三鼓（明朝时，开早朝时皇宫内会响起三通鼓声，第三通鼓响完之后，群臣方可入朝面圣）。已经打开禁门。徐有贞步履蹒跚，在朝房等候其他人一拥而入。

> 换新皇帝了？
> 换的旧皇帝！
> 是新的旧皇帝！

天空乌云倾盖，一行人直奔南宫。谁知在南宫门外敲了半天都无人响应。徐有贞命人用木头撞开宫门，大家乘机进去，拜见太上皇。太上皇那时还没有就寝，见他们进来，奇怪地询问他们要做什么。众人跪在地上直呼万岁。

徐有贞等人说明来由，接着扶着太上皇向皇宫行去。这时，天色大好，月明星稀。太上皇朱祁镇问起徐有贞等人的职位、姓名，徐有贞一一相报。来到东华门的时候，门卫大声喝止，说已经宵禁，闲杂人等不得入内。太上皇朱祁镇终于有了点儿架势,厉声说道:"我是太上皇,有事入宫,什么人敢阻拦!"

门卫走近一看,竟然真的是朱祁镇,立刻开门放行。一行人直入奉天殿,徐有贞做向导。长街两边的侍卫攻击徐有贞,朱祁镇大发雷霆,那些侍卫相继退去。那时龙椅还在大殿的角落,众人将它推到正中间,请太上皇朱祁镇登座。然后鸣钟击鼓,大开殿门。

百官刚刚来到朝房,正等着朱祁钰视朝,听到奉天殿有喧哗声、呵斥声,继而有钟鼓声,都觉得非常奇怪。一会儿,忽然看见徐有贞走出大殿,大声喊道:"太上皇复位了!百官怎么还不觐见?"百官听了这话,都吓了一跳,面面相觑。但事已至此,没有人敢出声,不得已只好整理衣冠,登上大殿,依次跪在地上,三呼万岁。

> **蔡公曰** 景帝居上皇于南宫,情同禁锢,其蔑视上皇也久矣。惟景帝病已危笃,神器岂能虚悬?他日立君,舍英宗其将奚属?石亨希邀功赏,结合徐有贞等,遽为复辟之计,行险侥幸,成亦无名。若也先弑主之不讨,李妓、唐妃之邀宠,犹其余事,然亦可以见景帝之深心,投鼠而辄忌器,纳妾而思毓麟,天不从人,蔑伦者其亦观此自返乎?

于少保魂断冤狱

景帝这个时候卧病在床,半醒不醒之间,香炉中的最后一点儿香燃尽。他忽然听到殿上传来钟鼓声,心中感觉惊慌不已,连忙询问内侍:是于谦来了吗?内侍正在错愕之间,内监前来禀报,说南宫复辟了。景帝连声说:"好!好!好!"说着,气竭力尽,面向墙壁,等待天明。

这边正在叹息,那边已是满朝庆贺。徐有贞协助复辟有功,太上皇即刻让他入阁,参与机务。然后,又急匆匆地宣布中午正式即位,历史上还是称其为英宗。

接着,英宗传下圣旨,降罪效忠景帝的一干人等,抓少保于谦,大学士王文、陈循、萧鎡、商辂,尚书俞士悦、江渊,都督范广,太监土诚、舒良、王勤、张永等人下狱。于谦等人当时就在朝堂之内,锦衣卫以迅雷不及掩耳之势将其抓走,毫不顾及朝廷命官的形象,直接打入大狱。

事已至此,为何复辟后朱祁镇将第一矛头直指于谦呢?原来,石亨因为侄子石彪曾被于谦参劾戍守大同的事情一直怀恨在心。于谦因为直言不讳,和徐有贞也有些小过节。英宗复辟之后,二人成为首席功臣，正好借机以泄私欲，于是诬陷于谦。英宗感激两位大臣的鼎力支持，对他们的话言听计从，对他们提出的要求没有不答应的。不等群臣退朝，他就将这几人拿下。

你心里想了！

心怀不轨，即是大罪！

欲加之罪，何患无辞！

后来，徐有贞、萧维桢等人，以"意欲"二字大肆污蔑于谦，上奏于谦、王文等人的罪状，说他们妄图迎立襄王瞻墡。英宗这时候心中还是有些犹豫，因为于谦意同魏征一样，直言不讳，且对国家有功，不应加刑。

徐有贞振振有词，上前逼迫英宗，对他说如果不杀于谦，景帝就有可能复辟，英宗又会沦落到不堪的境地。英宗这才狠下心来，决定斩杀这名对朝廷有功的"罪臣"。

临刑这一天，乌云滚滚，似是在为于谦诉说不公。路边百姓无不泪流满面，他们曾受于谦大小恩惠甚多，深知他是一位不可多得的好官，如今却也无可奈何。太后听说于谦的死讯，一病不起，哀叹了很多天，自觉无言见天地祖宗。

于谦的妻儿被坐罪流放戍边，锦衣卫抄家时没有多加为难。大家尽管公务在身，但心中十分尊重于谦，敬仰他为百姓做的事情。他们搜了一圈，有的还装模作样地掘地三尺，发现家里没有多余的钱，只有一间正屋锁得很紧，打开一看，里面都是御赐的物件，因为于谦从未翻动，所以摆放得整整齐齐。

查抄的官吏当场痛哭不已，自觉无颜面查抄这等忠臣的家。都督同知陈逵将于谦的遗骸厚葬在杭州西湖，后人称为于少保墓。每年老百姓都会来墓前祭拜。

于谦、王文死后，石亨被封为忠国公，张轨的弟弟被封为文安侯，加爵晋级的共有三千余人。一时间，朝中上下欢呼雀跃。

后来，襄王瞻墡多次为于谦上表忠言。英宗看到襄王从前为他说情的两封奏折，不禁涕泪交加，后悔杀了于谦、王文。英宗明白自己当时情急听信了谗言，错杀了忠臣，渐渐地，开始疏远徐有贞、石亨。

石亨为人自负，自恃功高，与曹吉祥狼狈为奸，互相依仗。徐有贞这时候已经揣测出皇上的意思，不得不和他们貌合神离，逐渐拉开距离。吏部右侍郎李贤后来因为一些事情被石、曹诬陷入狱，性命岌岌可危。尚书王翱认为李贤是无缘无故受到牵连，便请求将他留下。

英宗很看重李贤，于是听从了王翱的请求，将李贤官复原职。没过多久，李贤重获圣宠，升为吏部尚书。

曹吉祥、石亨见李贤再次被任用，心里非常懊恼。正巧这时内阁中有匿名的书帖诽谤朝政，曹、石二人得知后喜笑颜开，觉得机会来了，立刻上疏英宗，请他悬赏缉拿。内阁大臣岳正看二人祸害大臣，便向英宗弹劾曹、石二人，英宗让岳正去警告曹、石二人不要太过分。谁知道这二位大臣故技重施，又像上次一样去向英宗哭诉。英宗心软，只好再次原谅。岳正知道后愤怒不已，说道："曹、石两家必定会被灭族，臣想替陛下保全他们，他们却不识好歹！"

英宗默不做声，毕竟是自己心软，一而再、再而三地受人蛊惑。曹、石二人听了这话，怀恨在心，丝毫没有悔改的意思。后来，承天门发生天灾，英宗命岳正草拟罪己诏。岳正一一陈述时政过失。曹吉祥、石亨故技重施，趁机诬陷。于是，岳正多次被贬，郁郁不得志。

拔掉岳正这颗眼中钉之后，曹吉祥、石亨又开始追究匿名信的事情，诬陷是徐有贞所为。英宗再次轻信，没有细细审查就下令将徐有贞捉拿下狱治罪。英宗询问法司马士权自己此事做得如何，马士权直言不讳地答道："徐有贞如果有心谋逆，就不会写什么诰券自露马脚了。"英宗这才幡然醒悟，免去徐有贞的死罪。

英宗皇帝复辟后，虽然石亨得首功，进爵"忠国公"，但他丝毫没有满足，竟买卖官职，将家族一干男子拢入朝廷，一时间，权势熏天。石亨不知盈满则溢的道理，干预政事，逐渐让明英宗起疑。而且，石亨常常不待宣召就入宫，出来进去前呼后拥，耀武扬威。时间一久，明英宗觉得自己过于宽容，没有办法继续容忍他这样张扬，于是询问李贤该怎么处理。李贤答:"圣上应该独断!"明英宗顿悟,深觉自己轻信次数太多,应该有主见。

英宗于是痛下决心,斩杀了石亨。不久,曹吉祥深感自己大限将到,开始招兵买马,想逃离京城。英宗借此理由将他拖到闹市,凌迟处死。曹、石二族连坐,以灭门告终。

> **蔡公曰** 英宗复辟以后,被杀者不止一于少保,而于少保之因忠被谗,尤为可痛。曹、石专恣以来,被挤者不止一徐有贞,而徐有贞之同党相戕,尤为可戒。于少保君子也,君子不容于小人,小人固可畏矣。徐有贞小人也,小人不容于小人,小人愈可畏,君子愈可悯也。

令人毛骨悚然的西厂

成化十三年（1477），明宪宗设立西厂，地处灵济宫前，以旧灰厂为总部。西厂，全称"西缉事厂"，是明朝特有的官署名称。作为从未有过的内廷机构，西厂的工作是加强特务统治，监视一切人和事，职权是东厂和锦衣卫所不能媲美的。

据记载，在成化十二年（1476）京城接连出现异象，谣传四起，但东厂和锦衣卫都查不出所以然来。紧跟着，又有一个自称有法术的名叫李子龙的人，用所谓的法术蛊惑人心，妄想通过太监进入宫中。在太监韦舍的帮助下，他在宫中藏匿起来。虽然不知道他的真实意图，但据说他想行刺皇帝，幸好被锦衣卫提前发现，当即便被诛杀了。这虽未造成严重的后果，但是让明宪宗开始对身边的太监充满警惕之心。

之后，明宪宗朱见深认为身边到处布满危险，迫切地想了解外面发生的事情和状况。灵便机敏的汪直得知后，抓住了这个机会。他乔装打扮之后，出宫秘密侦探。以他的聪明狡诈和能说会道的本事，很多朝廷之外的"秘密消息"被他搜集过来上报给朱见深。朱见深对此非常满意，便将他提拔为御马监太监。可以说，西厂的建立是十分偶然的。

令人毛骨悚然的西厂

此后,宪宗想长期获得"秘密消息",及时了解外面的情况,而此时宫中的司礼监掌印太监怀恩、东厂总管太监尚铭,并不是什么事情都会顺从宪宗,时常对他的行为提出反对意见。同时,他们与朝廷大臣也保持着密切的联系。宪宗怕他们勾结,有意再培养一股势力对他们进行制衡。这也是成立西厂的一个重要原因。

西厂设立后,汪直被任命为提督,此时的汪直还只是个十五六岁的少年。成化十三年(1477)二月,已故少保杨荣曾孙、福建建宁卫指挥同知杨晔和他的父亲杨泰在乡里横行不法,残害人命,被仇家举报后,想进京行贿,希望能够避免这次灾祸。汪直发觉后,将他们关押到西厂进行严刑拷打,竟牵引出了许多大臣。宪宗朱见深便下诏将杨氏和那些大臣依法处置。这件事情过后,明宪宗对西厂更为重用。一时间,西厂的威势难以超越。

五月,内阁大学士商辂等人向宪宗上疏呈报,说西厂"探察过于繁密,法令过于急迫,刑网布置得过于密集",并联合六部九卿上疏请求废除西厂。无可奈何之下,宪宗只能同意。但仅隔一个月,西厂重开,内阁首辅商辂等人以辞职来表达不满。

同年,商辂在弹劾西厂的奏章中说:"汪直年少,没有经历过太多的事,全靠韦瑛他们主持大局扶持着他。"怀恩也说:"汪直年少,不切实际,一心只想立大功。"

成立西厂,本来只是为皇帝刺探消息,但被任命为提督的汪直为了升官、发财,时时急迫地寻找案件,甚至捕风捉影。正因如此,他办案的数量、速度和牵扯的人,都远远超过东厂和锦衣卫。

汪直对搜集情报到了癫狂的状态，他所刺探的人和事没有大小之分，全部上报给明宪宗。

西厂建立之后，这一情况更加严重，汪直在朝廷内外兴风作浪到了极致。那么，他到底有多嚣张呢？我们可以从朝中大臣给皇帝的奏折中了解：朝中大臣无论官职大小，只要被汪直抓住把柄，就全部被收入监狱严刑拷打；汪直甚至可以下令逮捕三品以上的官员，也可以随意更换一些重要部门的官员，包括明宪宗身边的近侍。他一天之内曾在边防部队中擒拿多人入狱，导致边防空虚。

正是因为汪直的权势之大，许多大臣纷纷巴结他，见了汪直以奴颜面对他，卑微地屈膝跪下。京城因此有歌谣这样唱道："都宪叩头如捣蒜，侍郎扯腿似烧葱。"更为夸张的是，一个给皇帝表演节目的

令人毛骨悚然的西厂

人也曾讽刺说:"我知道有汪太监,但是不知道有天子。"这足以看出,汪直的嚣张跋扈是多么严重。

因为汪直在西厂的所有作为,朝中大臣接连不断地上奏状告汪直的权倾天下以及各种作为,明宪宗渐渐对他产生猜疑。要知道,皇帝最怕有人权力过大。他开始疏远汪直,之后下令让他戍守边关,削弱了他的权力。成化十九年(1483),明宪宗以汪直与总兵许宁不合,严重影响边关戍守事宜为由,把他贬到南京做一个权力远远低于西厂提督的御马监。汪直被调离后,就退出了历史舞台。

> 蔡公曰:汪直以大藤余孽,幼入禁中,不思金日䃅宝瑟之忠,妄有安禄山赤心之诈,刺事西厂,倾害正人,酷好弄兵,轻开边衅,吏民之受其荼毒,不可胜计,要之皆万贵妃一人之所酿成也。

阴冷后宫中的一丝温情

成化二十三年（1487），明孝宗即位。他待臣宽厚，勤于政治，史称"弘治中兴"。可这样一代明君，他的童年生活却十分艰苦，还差点儿无法睁眼看看这个世界。他能够活下来，堪称奇迹。

朱祁镇病逝后，朱见深即位。一天，朱见深视察内藏时，偶然遇见被俘充当宫女的瑶族纪氏。见她聪敏貌美，对答如流，龙心大悦之下，他播下了一颗种子。不过当时的朱见深并不知道这颗种子已经发芽，最后会成为自己的继承者——明孝宗朱祐樘。

然而，朱祐樘出生后的几年里，十分坎坷，这一切的幕后凶手就是万贵妃。万贵妃荣冠后宫，深受朱见深的宠爱。

万贵妃当年是一名宫女，名唤万贞儿，被调遣到皇太子朱见深的身边照顾他的起居衣食。后来朱见深的太子之位被废，遭遇侮辱，受人冷眼，无依无靠，万贞儿仍然不离不弃，依旧默默无闻地陪伴在他的身边。朱见深对万贞儿日久生情，感激之恩慢慢上升到男女之情。

朱见深立誓要许她荣华富贵。多年后，朱见深即位。因万贞儿出身卑贱，在太后和大臣们万般阻拦之下，他只好先立她为妃嫔，不情不愿地娶了出身名门的吴皇后。朱见深和万贞儿虽诞下一子，却不

阴冷后宫中的一丝温情

幸早逝。这中间，吴皇后也对万贵妃百般刁难。朱见深得知万贵妃受了吴皇后的杖刑，心疼不已，便不顾大臣们的劝阻，将吴皇后打入冷宫。

朱见深的执意废后，可见他对万贵妃的用情至深。这也令万贵妃恃宠成娇。失去儿子的她，不计手段地阻止其他妃嫔生下孩子。知道朱见深宠幸了纪氏且有了孩子后，她醋意横生，记恨在心。

万贵妃派去宫女为纪氏打胎，但纪氏在宫内待人友爱和善，人缘极好，宫女心慈手软，最后不忍心下手，不惜冒生命危险对万贵妃谎称纪氏只是长瘤，并未怀孕。

但多疑的万贵妃还是不放心，将纪氏调去了安乐堂。就这样，在众人的掩护和帮助下，纪氏怀胎十月，最后艰难生下一子——朱祐樘。

据史书记载，朱祐樘出生时，头上竟然没有一根胎发，可能是药物所致，也可能是纪氏怀孕时身体缺乏营养，肚中的胎儿想要从母体吸收营养困难重重。

安乐堂离冷宫很近，被废的吴皇后待在冷宫，得知纪氏诞子，也对这个遭遇可怜的孩儿生起怜悯之心，开始帮助纪氏抚养孩儿。

不幸的是，万贵妃最终还是发现了朱祐樘的存在。她派太监张敏将孩子溺死。张敏想到这是陛下唯一的皇子，于心不忍，将孩子偷偷藏起来，每天悄悄带去米粉喂养，欺瞒万贵妃孩子已死。

就这样，多年后的一代明君朱祐樘在幼年时连温饱也了成问题。除了纪氏，在安乐堂的一群人加上吴皇后的帮忙下，他吃着百家饭长大了。

尔虞我诈、人心复杂的后宫里，却也生出一些温情。虽然万贵妃心狠手辣，但好在太监、宫女、废后的温情善良，这个身世不幸的婴孩才能长大成人。

六年后，张敏为朱见深梳发时，朱见深感叹自己膝下无子，可惜帝位无人继承。张敏听到此话后，扑通跪下，将隐忍多年的秘密含泪禀上。

> 儿啊，你受苦了。

朱见深闻言，不可置信地让张敏将孩子带来。见到朱祐樘，朱见深老泪纵横，悲喜交加。眼前这个模样和自己如出一辙的孩子，六年来没有修剪的长发竟快要拖到地上，营养不良导致骨瘦如柴。

朱见深将朱祐樘带回皇宫，次日昭告天下，立朱祐樘为皇太子，封生母纪氏为淑妃。可怕的是，纪氏在朱祐樘登上太子之位不久后便离奇暴毙，太监张敏也自杀而死。这两人的死案虽然谜云重重，但细想，还是能猜出是谁在痛下杀手。

朱见深的母亲周太后害怕万贵妃再次下狠手杀害他唯一的亲孙子朱祐樘，所以将他抱回仁寿宫，亲自抚养。朱祐樘这才能够安全地活下来。

童年不幸的遭遇没有让朱祐樘的性格变得古怪阴冷。他在纪氏和吴皇后的良好教育、宫女和太监们的温情陪伴下，慢慢成长。朱祐樘九岁时，开始接受系统化的学习，习孔孟之道，学治国良策，为未来登上帝位铺路。

朱祐樘清楚杀母之仇不共戴天，内心十分悲痛母亲的死亡，但他不想让悲剧继续重演。

每一个教导朱祐樘的老师，无不称赞他认真学习的态度，满意他的心性谦恭。待朱祐樘十八岁那年，万贵妃病逝。朱见深撕心裂肺，痛哭失声，"万贞儿去了，吾亦将去矣！"

朱见深悲痛不已，辍朝七天，六个月后郁郁而终。朱祐樘登基，改年号为"弘治"。大臣上疏要处置万贵妃的族人，他没有理会，而是说这违背先帝的意愿，并着手治理父亲留下来的存在一大堆难题的国家。

朱祐樘在位期间史称"弘治中兴"，这与他的童年阴影、后来勤学善思养成的宽容大度等优秀品德有很大的关系。

宫女们的慈善，太监们的心软，吴皇后的帮扶，在钩心斗角、你欺我瞒的后宫里仅存的一丝温情，让小小的朱祐樘在无数次的危险中逃脱了出来。不然，仅靠纪氏一人之力，连能否平安诞下孩子都成问题，更别说朱祐樘能被后世称为一个好皇帝了。

> **蔡公曰** 以三十余岁之万贵妃，乃宠冠后宫，权倾内外，窃不知其何术而得此。意者其有夏姬之术欤？观其阴贼险狠，娼嫉贪私，则又与吕雉、武曌相似。天生尤物，扰乱明宫，虽曰气数使然，亦宪宗不明之所致耳。柏贤妃生子祐极，中毒暴亡，纪淑妃生子祐樘，至六龄而始表露，宫掖之中，几同荆棘，不罹吕武之祸，犹为宪宗幸事。然于人彘醉瓨，已相去无几矣。

朱祐樘的一生

万贵妃在五十八岁时因病去世，明宪宗朱见深因为心爱之人的离世而痛入心骨，以至于黯然销魂，不久后也逝世了，享年四十一岁。此后，朱见深的第三子——十八岁的朱祐樘即位，年号弘治，历史上称为明孝宗。

朱祐樘被立为太子之后，接受的文化教育比以往要正规，水平更高。童年时代的经历与少年时期的教育熏陶形成合力，不仅丰富了朱祐樘的文化素养，还使他养成宽厚仁慈、躬行节俭的性格。这些都为他日后的种种作为奠定了坚实的基础。

父亲明宪宗在位后期疏于国事、信任宦官，导致君臣疏离、宦官干政。因此，年轻皇帝朱祐樘所面对的，是一个朝政紊乱、国力凋敝、百业待兴的国家。

然而，面对如此严峻的情况，明孝宗没有畏难不前，而是将时间、精力几乎全部投入国事之中。他登基初期，不断治理明朝政治、经济、文化等各方面的弊病，各类人才也不断涌现。这都是朱祐樘励精图治的有力体现。

在选官任官方面，朱祐樘深明帝王之责任。他没有束手束脚，而是利落地铲除明宪宗时期留下的奸险谄媚之人，这让志虑忠纯的文武百官十分高兴。面对只会奉承偷懒而没有真才实学的官员，即便他们是父亲任命的尚书、内阁大臣，明孝宗也丝毫不手软。对宦官这一有乱政风险的群体，孝宗严格管理、加强限制，使得东厂、锦衣卫不敢再胡作非为。

明孝宗也非常重视官员任免。他爱惜贤才、唯贤唯德，制定了严格的官吏考核制度。孝宗对官吏的关注体现在方方面面。比如，他曾将四品以上官员的名单张贴起来且常常记诵，以便更好地了解大臣的动向。若是碰上京官夜间赶路回家的情况，不论官位高低，明孝宗必定会派人执灯传送。

在种种细节中最为人称赞的，当数明孝宗的体贴与容人之心。宽厚温和的孝宗将君臣关系处理得不错，绝对不会在大庭广众之下让大臣们觉得难堪，自明太祖时期就有的"廷杖"在孝宗时期从未出现过。

明孝宗虽然自幼体弱，但依然勤于政事。他不仅每天准时上早朝，恢复了荒废已久的晚朝制度以及大小经筵侍讲制度，还开创了文华殿议政。孝宗每两天还会召集相关大臣议事，虚心听取建议。这些都给了大臣们更多进谏与协理朝政的机会，一批胸怀天下的有志之士得以发挥才干。

所有行动形成合力。随着时间的推移，君臣之间亲密融洽，明孝宗在更多领域的变革有了更大的助力。在律法方面，明孝宗更正律制，废除了苛刻的法令，制定、颁布了多部新条例与新法典。在经济方面，他关注民生，体恤百姓，兴修水利，力求节俭。在军事方面，明孝宗爱护武将，并与得力干将一起为加强边防、整顿军纪付出种种努力。

皇帝励精图治，贤臣尽心辅佐，百姓安居乐业、国力提升便是水到渠成之事。明朝也在明孝宗的治理之下出现了一段辉煌的时间，史称"弘治中兴"。

取得了一系列成绩之后，明孝宗有些松懈。由于明孝宗身弱多病，他希望通过钻研佛道来改善自己的身体状况。于是，奸佞小人有了扰乱朝政的可乘之机。宦官李广就是专权扰政的典型。

李广虽然只是宦官，但有作符箓法术的本领，也能够祈祷祭祀。这些把戏蛊惑了明孝宗，使他越来越信任李广，后者的权势也水涨船高。李广开始利用权势敛财收贿，甚至强占民田、垄断贩盐行业。种种恶劣行为给他带来了数目惊人的不义之财。

后来，由李广提议修建在万岁山上的毓秀亭建成后，明孝宗的一位公主便夭折了。不久，后宫某一庭院起火。占卜之人说李广犯了岁忌，是不祥之人。更加巧合的是，太皇太后认为是李广招来了灾祸，越发厌烦他。最终，李广畏罪自尽。

但明孝宗的内心还是惦记着佛道之术，便派人搜查李广的家，希望能获取一些信息。然而，奉命搜查的人只找到一本登记官员行贿的本子。值得一提的是，这上面不仅写着一个又一个人名，还写着馈送黄米、白米各有千百石的数字。

起初，明孝宗并没有看懂，不理解李广为什么要收受这么多粮食。身边的人回禀说："这其实是密语，黄米指的是黄金，白米代表的是白银。"看着本子上密密麻麻的文武大臣的名字以及行贿的数目，孝宗终于认识到李广专权乱政的严重性。幡然醒悟的明孝宗下令对所涉人员追究问罪，以行动告诫朝廷诸官千万不要重蹈覆辙。

这个惨痛的教训也不断警醒明孝宗，督促他抛弃对朝政疲怠松懈的态度，全身心地投入对国家的治理中。孝宗重用过去辅佐过他的刘大夏、戴珊等贤明之才，注重选官任官，大力整顿朝廷秩序。

但是，明孝宗的身体无法承受高强度的工作。一次偶然感染风寒后，孝宗的不适感越来越强烈，染疾八天后就驾崩了，年仅三十六岁。在弥留之际，他回忆了自己即位以来的重要事件，留下了对太子朱厚照的嘱托——孝宗希望大臣们能够重视对朱厚照的教育，千万不要让太子沉湎于玩乐之中。

朱厚照两岁时就被立为太子，十五岁时即位，史称明武宗。成为皇帝之后，明武宗虽然有师长的谆谆教诲、贤臣的辅佐，但他身边的随侍太监利欲熏心，成日利用鹰犬、角抵等讨武宗欢心。

没有了父亲的约束，加上太监们的奉承迎合，明武宗很快沉溺于玩乐之中，置大臣的进谏于不顾，荒废了学业与朝政。他身边的太监逐渐得势。后来，宦官刘瑾的权力变得极大，成为朝廷中一颗巨大的毒瘤。

> **蔡公曰** 若夫孝宗之明，远过宪宗。即位以后，勤求治理，置亮弼之辅，召敢言之臣，斥奸佞之竖，杜嬖幸之门，人材济济，卓绝一时，乃无何而外戚进，又无何而内竖横，老成引退，戚宦肆行。明如孝宗，犹蹈此辙，人君进贤退不肖之间，其关系为何如哉？读此能无慨然！

权势滔天的刘瑾

刘瑾只是区区一介宦官,竟然能够一步一步获得滔天的权力,这是在多重因素的合力推动下产生的结果,也是明朝宦官专权、政治黑暗混乱等现象的缩影。

刘瑾最初的姓氏是谈,因为依附一位刘姓宦官而获得了入宫的机会,于是改姓刘。明孝宗在位期间,刘瑾本来因犯罪将被处死,但又被皇帝赦免,逃过一劫。

机缘巧合之下,刘瑾进入东宫服侍年幼的太子朱厚照。刘瑾发现,太子身边的张永、马永成、谷大用等七个太监和自己一样,都是心怀鬼胎、渴望权势之人,他们后来被称为"八虎"。刘瑾对于权势的渴求更是惊人,这点从他仰慕王振这位明朝初代专权宦官的为人就可以看出来。刘瑾的野心也让他不择手段、不顾纲纪地带坏太子,成为"八虎"之首。

但是,太监这一低微的身份让他们只能以讨好太子为突破口。刘瑾和其他七位太监一起,时不时用新奇的事物诱惑年幼的太子,成功地使得朱厚照亲近并信任他们。此时,长辈的约束对朱厚照还奏效,刘瑾等人也不敢胡作非为。

权势滔天的刘瑾

但是明孝宗逝世之后,年仅十五岁的朱厚照成为泱泱大国的天子,也是明朝的第十位皇帝明武宗。刚刚即皇帝位,武宗就任命自己最宠信的太监刘瑾执掌钟鼓司,把钟鼓司和宫内乐舞杂戏的机构交给刘瑾管理。这使得刘瑾等人对明武宗的蛊惑更加便捷。

借着这一便利,刘瑾几乎天天向武宗进献鹰犬,宫内角抵等杂耍戏法不断,使其沉迷歌舞、醉心骑射,出现了疏于朝政的端倪。不仅如此,刘瑾还常常引诱武宗微服出宫,四处玩乐。如此一来,尚且年少的皇帝越来越荒废朝政、玩物丧志了。

天子在年富力强之时不钻研治国之道,这使得大臣们十分着急。

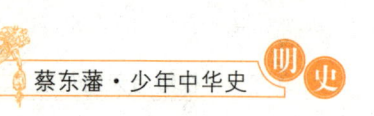

他们纷纷向明武宗进谏，但武宗只当这是耳旁风，依然我行我素。

因此，刘瑾仗着皇帝的宠信越发肆无忌惮。在刘瑾的引导下，武宗命人仿照街市的样子在宫中建了许多店铺，让太监扮作老板、百姓，武宗则扮作富商，在其中游玩取乐。此外，刘瑾还向武宗进谗言，促使武宗在京城周边广置"皇庄"，不断剥削百姓，搜刮民膏民脂，民怨不断累积。

这些事情被大臣们知道后，他们心急如焚。要知道，明武宗登基初期的许多大臣是明孝宗时期的得力干将，他们忠心耿耿、胸怀天下，受明孝宗之遗嘱来辅佐年少的武宗。前几次劝谏未果，以及武宗、刘瑾等人的变本加厉，让朝中百官都深感危机。他们下定决心必须铲除刘瑾等奸臣，还朝廷以清明。

于是，五官监侯杨源以星象异常为由上疏进谏，刘健、谢迁等大学士以及户部尚书韩文等官员也请求诛杀刘瑾。年轻的明武宗虽然有些招架不住，但是心里仍然顾及旧情，没有下令处死刘瑾，而是想将他遣送至南京。

大臣们正在为如何处置刘瑾而争论时，刘瑾已经得知了消息。他赶忙率领"八虎"中的其他人赶到皇帝身边，围着武宗哭泣不止，使得本就对刘瑾心有不忍的明武宗更加心软。

刘瑾趁机污蔑、构陷那些想铲除他的人，不遗余力地歪曲事实，编造出"莫须有"的罪名。明武宗听了之后勃然大怒，随即命令刘瑾掌管司礼监，谷大用、马永成分别掌管西厂和东厂。然后，他将支持诛杀刘瑾的几个正直的太监发往南京充军。这几个太监后来都被刘瑾派去的人追杀，或死或伤。

第二天，明武宗开始处置进谏的大臣。此时，谢迁、刘健等贤臣以告老还乡威胁皇帝，但是武宗不仅毫无挽留悔改之意，反而没有一丝犹豫地批准了。

谢、刘二人都是对"弘治中兴"这一治世的出现有着巨大贡献的官员，他们德高望重，受人尊敬。明武宗放逐两位老臣的事在朝廷之内引起轰动，戴铣、蒋钦等二十一人犯颜直谏，请求留用谢迁和刘健。刘瑾得知后非常生气，向皇帝进谗言，将这二十一人全部逮捕，施以杖刑。为了帮助二十一位良臣，王守仁等官员上疏营救，触怒了刘瑾。

无论是请求留用谢、刘的官员，还是营救良臣的官员，都无一例外地遭到刘瑾的报复。戴铣死于杖罚，不畏强权、三次上书直谏的蒋钦在第三次杖罚后不久死于狱中。王守仁不仅被杖罚四十下，还被贬职到偏远之地，其父也受到牵连。

谢迁、刘健等人的辞官归乡和蒋钦等大臣的献言失败，实际上标志着以刘瑾为首的"八虎"战胜了朝廷中忠心耿耿的大臣。如此一来，群臣失去主心骨，铲除刘瑾的事情只能搁置，刘瑾越发跋扈、无法无天。

随着权势不断膨胀，刘瑾对朝政的干扰越来越大。对那些曾经想铲除他的官员，不论是否已被处置，他都怀恨在心。刘瑾不仅在工作中对官员们吹毛求疵，还编撰了"奸党"名录，污蔑那些正直的官员为佞臣，还以延长大臣们的工作时间作为惩罚他们的手段。

然而，对于那些与他狼狈为奸的人，刘瑾毫不吝啬地给予官职、钱财等。他无视明朝以来的规训，将亲信的宦官派往各边塞镇守。在

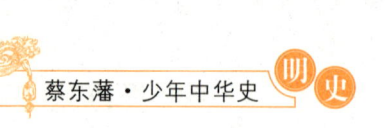

刘瑾擅权期间，被他提拔或者授官之人超过一千五百人。

为了进一步掌权，刘瑾创办了内厂，监视臣民、东西二厂以及锦衣卫。他还与奸猾之徒一起批阅文书，掌控朝政。如此种种，使得朝廷上下贤臣战栗，奸臣当道，刘瑾的党羽四处横行。

权势滔天的刘瑾不满足于自己的地位之高、权力之大，还利用权势为自己不断敛财。刘瑾公然索贿，各地官员朝觐至京，都要向他交"见面礼"。但他见钱眼开的程度令人叹为观止。最让人震惊的，当数他收受了宁王朱宸濠的贿赂，导致宁王造反。

除了上述行为之外，刘瑾还草菅人命，只要有不合他心意的人，便会用种种方式折磨他们。他常常搞规模巨大的连坐，使得无数人蒙冤、无数家庭破碎。

刘瑾的恶劣行径擢发难数，他的目无纲纪势必引起他人的不满，如"八虎"之一的张永。几年后，张永和杨一清受武宗之命，前往安化平定叛乱。事情成功之后，张永把握时机，向明武宗揭发了刘瑾的罪行。

明武宗听后有所动摇，亲自带人前往刘瑾住所抄家。搜查出的不仅有白银、黄金数百两，还有伪玺、玉带等违禁物，更在刘瑾常拿的扇子中发现了两把匕首。

人证、物证俱在，明武宗终于相信刘瑾不仅欺上瞒下，还有谋逆之心。武宗勃然大怒，下诏将刘瑾凌迟处死，并废除刘瑾变法时的一切举措。权势滔天的刘瑾终于被铲除了。

权势滔天的刘瑾

蔡公曰 自李广畏惧自杀，按籍始知其贪婪，于是孝宗又黜佞崇贤，刻意求治，此如日月之明，偶遭云翳，一经披现，则仍露清光，未有不令人瞻仰者也。惜乎天不假年，享年仅三十有六，即行崩逝。嗣主践阼，八竖弄权，刘健等矢志除奸，力争朝右，不得谓非忠臣，但瑾等甫恃主宠，为恶未稔，果其徙置南京，暌隔天颜，当亦不致祸国，必欲迫之死地，则困兽犹斗，况人乎？要之嫉恶不可不严，尤不可过严，能如汉之郭林宗，唐之郭汾阳，则何人不可容？何事不可成？否则两不相容，势成冰炭，小人得志，而君子无噍类矣。明代多气节士，不能挽回气运，意在斯乎？

刘瑾无恶不为，比前时王振、曹吉祥、汪直一流人物，尤为狠戾，读之尤令人切齿。武宗不明，甘听阉党之播弄，国之不亡，犹幸事耳。

贪玩的朱厚照

与此同时,全国多地因为饥荒爆发了起义。这期间,写亦虎仙靠着聪明才智得到了朱厚照的喜爱,朱厚照不仅让他到身边侍奉,还赐予他国姓,收为义子。

当时朱厚照的义子有很多,无论是朝中大臣还是俘虏小兵,不管身份地位如何,只要能讨朱厚照欢心,都一律赐姓为朱,被认作干儿子,算起来有两百多人。这两百多人中,第一个得宠的要算钱宁,第二个便是江彬。

钱宁小的时候,被卖到太监钱能家。等到钱能死后,钱宁已经长大,转去侍奉刘瑾,因此有机会接近朱厚照。他因为善解圣意,渐渐获得朱厚照的欢心。朱厚照喝醉的时候,甚至会倚着钱宁做枕头,彻夜长眠。就连百官候朝想询问朱照厚的起居情况,都必须由钱宁通报才可以入殿排班。钱宁因此得以掌管锦衣卫,权力一天大过一天。

江彬本来是大同游击,后因战功封赏成为朝廷新贵。他听说钱宁的大名后,就将战争敛聚来的财物私下里赠送给钱宁并多加美言,钱宁心下一动,便把他引荐给了皇帝。江彬口才极好,能言善辩,巧舌如簧,不仅将朱照厚逗得哈哈大笑,更是获得了朱厚照的喜爱,被升为左都督，后来又被认作义子，最后像钱宁一样在朱厚照左右留侍。

后来，钱宁有意无意地挤兑江彬，江彬察觉出来后想了一个计谋以绝后患。他故意和朱厚照谈论兵事。朱厚照问长道短，江彬乘机上奏说出自己的主意：京营兵马如此腐败，应该以备不时之需防止灾祸，要想变弱为强，就应该互相调换，京兵赴边，边兵来京，这样一来内外都得到了磨炼，自然都成为劲旅。朱厚照点头，认为这个主意可行，立即下令将四镇兵调入京师。大学士李东阳等人极力劝阻，朱厚照一意孤行，没有采纳。

四镇兵奉旨到京后，朱厚照披上战甲亲自校阅，果然军容壮盛。朱厚照心里大喜，立即召来总兵夸奖一番，各赐国姓。

江彬手中的权势越发滔天，朝中几位大员多半离去，江彬更是肆无忌惮，开始诱导朱厚照纵欲。

正巧延绥总兵官马昂革职在家，听说江彬的大名后马上入京拜见，希望能官复原职。江彬让马昂把妹妹送入宫中以讨圣上欢心。马昂的妹妹容颜绝世，歌舞骑射样样皆通，成年之后嫁给了指挥使毕春。

江彬曾见过她几次，心动不已，但是始终不能得偿所愿抱得佳人归，于是就想了这样一个坏主意，一来可以消解之前的闷气，二来可以巩固自己的荣宠。

马昂做官心切，只能点头答应。经马昂再三央求，妹妹最终答应进京。江彬接到佳人后依旧贼心不死，悄悄推迟了奉上的时间，自己与美人饮酒作乐数日，才恋恋不舍地将她送入宫中。

朱厚照见了这如花似玉的美人，不管她是否嫁过人，马上赐酒让她侍寝。美人利欲熏心，格外柔媚，不仅被朱照厚当成宝贝，后来甚至早晚都要黏在一起，一时间风光无两。当下朱厚照就将马昂官复原职，还赐给他府第，真的是"一人得道，鸡犬升天"。

朱厚照与江彬夜游出行，临时起意去了江彬的私府。君臣入座欢饮，有一盘鱼味道绝美，极得朱照厚喜欢。他赞不绝口，问这是谁烹调的，江彬说是出自小妾杜氏之手。朱厚照色心又起，有意将其纳入后宫，江彬无奈只好答应将小妾送出。朱厚照得陇望蜀，有了马、杜两位美人，日久天长竟觉得不够，又召问江彬，想亲自游观他的老家，便于环游天下选妃。江彬喜出望外，自觉不能放过这个机会，于是亲自着手准备这次微服私访。

贪玩的朱厚照

蔡公曰 若夫钱宁、江彬本无大功,骤膺殊宠,彬尤导上不法,罪出宁上,武宗喜弄兵,彬即导以调练,武宗好渔色,彬即导以纵淫,甚至夺毕春之妻,进献豹房,一意逢君,无恶不为。然天道好还,夺人妻者,妾亦为人所夺,吾读至此,殊不禁为之一快也。然武宗之淫荒,自此益甚矣。

总督军务威武大将军

朱厚照带着江彬微服出了德胜门,只觉得逃离皇宫后天高气爽,自在不已,又想到此行的目的,越发高兴起来。

转眼间鸡声报晓,天已大亮,路上渐渐有了行人。于是,二人雇了车夫径直奔赴昌平,什么朝事、国事一概抛诸脑后。

这天早朝的时候,众位大臣等了半天才得知朱厚照微服出行的消息。大臣们手足无措,焦躁不安,生怕皇帝路上出什么变故。大学士梁储、蒋冕、毛纪等人急忙驾了辆轻车,一路追问打听,得知踪迹后马不停蹄地追赶,直到沙河才追上朱厚照。几人下车,苦苦劝阻说明国事要紧,朱厚照就是不从,一定要出居庸关。

梁储等人没有办法,只能咬牙同行。巡关御史张钦是一个明白事理的忠臣。他得到朱厚照即将到达的消息后马上递出奏折劝阻,说鞑靼部小王子侵略边境,已经传来警报,借此劝阻陛下折返。

只可惜朱厚照游兴正浓,就是不肯掉头。于是,一行人走走停停。距离关口不远的时候,朱厚照派人传报说车驾要出关。张钦命令指挥孙玺紧闭关门,并将关门钥匙藏好,不准轻易打开。分守中官刘嵩准备迎驾,张钦阻止道:"这关门钥匙由你我二人掌管,如果关门不开,车驾不能出去,违命当死!如果遵旨开关,万一敌兵变心,重蹈当年土木堡的覆辙,我与你职守所在,追究起来也是死罪。同是一死,宁可不开关门,死后还能万古留名。"

正说着,已经有人来报,说御驾已到,命指挥孙玺开关门。孙玺回答:"臣奉御史命令,紧守关门不敢轻易打开。"张钦干脆背着敕印,抱着必死的决心坐在城门下,号令关中:"敢说开关者斩!"

就这样一直相持不下,朱厚照不能如愿,心中自然气愤不已。正准备传旨捉拿张钦,忽见京中各官员的奏折如雪片般飞来,一时间又急又躁。江彬在一旁劝说,内外官员纷纷上奏,反而闹得不成样子,不如暂时忍耐一下,返回京师再做打算。

朱厚照不得已,只好传旨还朝。隔了几天,朱厚照想了一个办法调虎离山，先命张钦去白羊口巡逻，另调谷大用守关，自己则和江彬换了衣服，混出德胜门，连夜快马加鞭赶到居庸关，与守城的心腹打了个照面，便扬鞭潇洒出关去了。这也总算圆了他一个心愿，但是受苦的又是那群大臣。

出了关门，他当天就来到宣府。那时江彬早已通知当地官府让他们造了一座大宅子，名为镇国府第。府内楼崖高阁，精美不已，十步一景，引得人频频流连。朱厚照到了宅子里，心中大喜，立刻将美人们叫上来，与江彬流连花丛，日日畅游，再无心朝政。

每到夜里，江彬就带着朱厚照闯入高门大户，逼迫这些大户人家的夫人小姐作陪。江彬不仅任由皇帝胡闹，还亲自劝解，让美人们心甘情愿地侍奉皇上。但并不是家家户户都愿意将女儿无名无分地送出去。江彬如此狐假虎威，为非作歹，让众人敢怒不敢言，他却不认为这是什么大事，只管跟在皇帝身边。皇帝吃肉，他也能捞得一口汤喝喝。

过了一个多月，二人辗转多地来到阳和，正碰上鞑靼小王子亲自率军入侵大同。单兵官王勋登城固守，与敌军相持五天，敌寇没有捞到一点儿便宜，只好转战应州。应州与阳和紧挨着，入侵的消息传入后，百姓们四下逃窜。朱厚照自认为懂些兵法，便准备调兵亲征彰显大明威武。江彬阻拦不成，只得极口赞成。

朱厚照沾沾自喜地把"总督军务威武大将军总兵官"十二个字铸成一枚金印，调发宣府、大同的戍兵，亲自到应州防御敌寇。

小王子听说朱照厚御驾亲征,心中无底,生怕大败,于是仓皇逃窜。朱厚照率兵穷追,追上敌人的队尾后,打了一仗,只斩下敌人十六枚首级,但自己的士兵却死伤数百。幸好敌寇只顾着远逃,朱厚照这才班师回朝,捡了个漏儿。班师途中,他还顺路去大同游玩一番。京中自大学士以下屡次递上奏折,请朱厚照回宫处理政事,朱厚照全然不理,一味在外游幸。朱厚照在大同游玩了几天,没有什么中意的地方就返回了宣府。

蔡公曰 武宗性好游嬉，而幸臣江彬，即凯其所好，导以佚游。彬之意，不但将顺逢迎，且欲避众擅权，狡而且鸷，已不胜诛；甚且多方蛊惑，使之流连忘返，怙过遂非，索妇女于夜间，称寓府为家里，失德无所不至；而又自称总兵，不君不臣，走马阳和，猝遇强敌，其不遭寇盗之明击暗刺，尚为幸事。然其行事，一何可笑也。

宁王叛乱

朱厚照回京之后,正巧碰上南郊的届期,于是还没来得及斋戒就到郊外行祀礼。典礼结束后,朱厚照又让人将他之前打了胜仗缴获的武器拿给臣民观看。就这样,连续忙碌三四天,朱厚照才有了点儿闲暇。谁知道他又思念起美人来,于是闷闷不乐。

江彬为了哄朱厚照开心,就劝他再次南巡。朱厚照觉得此计可行,于是又依着老法子,与江彬换了行头,一溜烟似的逃了出去。这次他又是径直来到宣府。那时关门仍然是谷大用把守,所以朱厚照出入无阻。

杨廷和等人又是一再劝阻,朱厚照照旧不肯听从,闲游了二三十天,直到接到太皇太后驾崩的消息,不得已才回京奔丧,勉勉强强地守了几个月。到了夏天,朱厚照又找了个借口,游玩昌平。到昌平后,他只住了一天又去往别的地方了。

到了太皇太后的梓宫从京师出发的时候,朱厚照才不情不愿地去送葬。他丝毫不顾及礼节,身上穿的竟然是戎服。到了陵寝之后,朱厚照在殿内喝得酩酊大醉。大臣们到殿里请了几次,都只听到鼾声大作,不敢惊动,只好坐着等待。

一直等到黄昏，朱厚照才从梦里醒来，施施然起身祭祀。这时，外面忽然一阵狂风暴雨，响雷阵阵，殿上的烛火一时间全被吹灭。侍从们吓得战战兢兢，朱厚照却镇定自若。

过了几天，朱厚照再次与江彬以及几个小太监出行，住进宣府。内阁大臣一再上疏请朱厚照回朝，朱厚照这次非但不从，反而让兵、户、工三部各派一名侍郎来宣府办事。朱厚照日日找寻佳丽，江彬为此想尽办法，后来决定带着朱照厚顺着黄河而下，终于打探到一点儿消息。

江彬听说总兵官戴钦的女儿才貌双全，将这个消息告诉朱厚照之后，朱厚照竟等不及预先传旨，便擅自前去拜访。戴钦听说御驾前来，连衣冠都来不及穿戴，穿着便服就出去迎接，匍匐在地上发抖。朱厚照笑容可掬地将他扶起来，戴钦谢过了恩才敢起身。

他当即命内厨置办一桌酒席，请朱厚照宴饮。才喝了几杯，朱厚照就用眼光示意江彬，江彬马上会意让戴钦将女儿带出来相见。戴钦深知圣意不敢推辞，只好将女儿打扮一番带出来。

他的女儿款款来到众人面前，惊得大家一愣，朱厚照更是目不转睛，忘记自己身在何处。江彬心领神会，笑着让戴钦今晚送嫁女儿。朱厚照匆匆喝了数杯，便起身离去，迫不及待地回去准备。没过多久，就有彩舆迎接戴女。戴钦不敢抗旨，只好硬着头皮将女儿送走。朱厚照得到戴女几天之后，觉得索然无味再次下令起程，从西安经偏头关，直达太原。

太原有很多乐坊，其中有一名女子生得俏丽多姿，朱厚照一眼便看中，于是立即将她召至座前，赐她御酒三杯，让她独歌一曲。那女子不慌不忙地唱了起来，只听她歌声婉转动人，引得人痴醉。朱厚照听得出了神，越听越好，越看越俏，心下大喜，不自觉地拍手称快。

江彬趁机谄媚，使那女子得到皇帝的宠爱。朱厚照因她在此流连很久，并心满意足地带她回京，回京后更是恩宠不断，不仅平时饮食起居要她陪同，而且她有什么要求，也全部答应。甚至到后来，左右要是触怒皇上，总是求她说情，宫中都称她为刘娘娘。朱厚照与近侍谈起来，也以刘娘娘相称。江彬见了这位刘娘娘，好像对待自己亲娘一样，礼让三分。

朱厚照在偏头关的时候，曾为自己起了一个假名字。不仅如此，他还加封自己为镇国公，亲笔写下敕书："总督军务威武大将军总兵官朱寿，统领六师扫除边患，屡建奇功，特加封为镇国公，每年俸禄五千石，令吏部执行！"

杨廷和、梁储等人联名劝阻，都说皇帝此举名不正、言不顺，请他速速收回成命。朱厚照不肯听，还追录应州战功，封江彬为平虏伯，许泰为安边伯，此外共有九千五百五十名内外官员被加官封赏。回到京城后，朱厚照又想南巡。这时，一桩大逆不道的案子出现了。

宁王朱宸濠有造反之意，怕朝廷有所察觉，于是趁上疏启奏的机会，偷偷派心腹装了满满一车金银财宝到京城，将它们分别赠给权臣，好让他们在朝堂之上多说好话。多数官员收下金银珠宝，只有大学士费宏感觉到背后有阴谋，常常在朝中提醒朱厚照。宁王在朝廷勾结了内援之后，又私招外寇准备起事。

这下朱厚照摊上了一个大麻烦。

> 你喜欢体验民间生活，那我就来体验一下皇帝生活吧。

蔡公曰　观武宗之所为，全是一个游戏派、滑稽派。微服出游，耽情花酒，不论良家女子，及乐户妇人，但教色艺较优，俱可占为妃妾，是一游戏派之所为也。身为天子，下齿臣工，自为总兵官，并加镇国公及太师，宁有揽政多日，尚若未识尊卑，是一滑稽派之所为也。充类至尽，一桀而已矣，一纣而已矣，岂徒若汉武帝之称张公子，唐庄宗之称李天下已哉。

一代儒将王守仁

武宗朱厚照西巡后，又想继续南巡，驻守在江西南昌的宁王朱宸濠听到消息后，称武宗无心朝政，吃喝玩乐，借此机会，意图谋乱造反。

群臣听闻后，个个惶惶不安，但一旁镇定自若的王琼信心满满道："伯安在江西，必能平定叛乱。"伯安也就是王守仁，此时他正前往福建。听闻宁王朱宸濠叛变，企图攻打皇宫，已经到了江西丰城的王守仁，连忙绕道，赶去江西吉安。

可他手中没有一兵一卒，就算立刻向上呈报，中间路途遥远也需时日，最后只能是援兵匆匆来迟。

但王守仁并不自乱阵脚，而是冷静下来，先招募义兵，扩充队伍，再对外宣称自己手上已集齐八万兵力，朝廷派来的兵力也在加速赶来。待十六万将士会合完毕，若宁王胆敢起兵造反，将被一举拿下。

但在前往吉安招募义兵的时候，他不慎惊动叛军，引来了朱宸濠的追杀。王守仁急中生智，换上渔民的衣服，坐小船离去，让手下打扮成自己的模样。果然，追上来的叛军被伪装的手下所迷惑，耽搁了时间，王守仁成功地逃离了叛军的追杀。

朱宸濠这次谋反本就是刚好逮住机会，慌忙起兵攻打，所以面对王守仁不知是真是假的十六万大军，不敢拿命赌，虽然觉得有些蹊跷，但还是先按兵不动。

王守仁一边虚张声势，一边又使离间计，给朱宸濠的手下写信。朱宸濠对此次造反好似已经胜券在握，但更多的是为了"鼓舞人心"，早就将手下安排好官位，只待追随他的众人和他合力把天下打下来。

王守仁深谙此道，明白这些手下跟着朱宸濠起来造反的心思，他们虽然听着宁王打的包票，但内心还是多少有些不安。所以，王守仁借此离间他们，先让他们起内讧，再拿下他们，就更轻而易举了。

等了十多天，朱宸濠连一个人影都没有看见。等他发现所谓的十六万大军只是一场骗局，便恼羞成怒，集齐所有兵力，沿江东下，进攻南江、九康两地，直逼安庆，窥伺南京，想要尽快攻下都城，好坐拥天下。

朱宸濠几乎带走了所有兵力，只留下一万精兵看守南昌。也就是这场骗局，令王守仁有时间招募到士兵并准备好粮草。

王守仁又来了一次声东击西。南昌空虚，若此时带兵前往安庆救援，前有南江、九康两地的敌军，后有守在南昌的一万兵力，到时候前后夹击，王守仁的军队腹背受敌，形势严峻。

其他将领都劝王守仁前去支援安庆，哭诉道，安庆此时已被敌军包围，城中百姓困苦不堪，但王守仁力排众议，毅然决定直捣宁王的老巢南昌。这让宁王震惊，急忙奔回大本营。因为失去最初的根据地，那"十万精兵"就会沦为流兵，没有定所，军心自然不稳。城内还留有朱宸濠的一众妻儿，他不得不回来相救。

宁王扬言要将安庆屠城，搞得全城百姓个个惊恐不已。为了活下来，他们一致对外，起来反抗。王守仁攻进南昌时，则是好言相劝，好话说尽，告诉大伙不会伤害无辜老百姓，只要城内士兵放下武器投降，会好酒好菜招呼大家。

这番动作动摇了南昌众人的心。他们深知造反本就不是好事，加之既不会伤到自己一分一毫，又有美酒、好菜，何乐而不为，于是纷纷倒戈。王守仁不用一兵一卒，仅靠一张嘴就动摇了人心，不到一天时间，轻松拿下南昌。

朱宸濠赶回南昌时，王守仁思前想后，决定利用鄱阳湖这个优越的地理位置，设置伏兵，"静候佳音"。

朱宸濠虽号称有十万精兵，但官兵素质也是良莠不齐，不然也不可能被王守仁在十多天内招来的义兵打得落花流水。

开战第一天，王守仁不战而退，将叛军引到指定地点，埋伏的士兵再杀上去。这次伏击战杀敌过万，王守仁的军队士气大增。宁王这边开始军心不稳，本就因为南昌投降，导致士兵们有些气馁，第一次交战又死伤无数，宁王又惊吓又无奈，拿出银两，鼓舞人心，宣称只要上阵杀敌，就有赏赐。

两日过后，双方正式开战。此时吹的是顺宁王军队的风向，朱宸濠占了上风，所以王守仁的先锋军队将领伍文定，一看局势不对，就率领部队后退。其他将领一看，也觉得危急之下，还是先撤为妙。

王守仁知道后，直接抽出腰边的长剑，命令手下直接砍下伍文定的脑袋，以儆效尤，以正军法。听到军令的伍文定，吓得下巴差点儿掉了，连忙拿上武器，指挥士兵们勇往直前。

之后，王守仁利用风向，采取火攻。宁王精心设计的"连锁船"毁在无数个火把下，船上的人纷纷跳船保命。作为首战先锋的伍文定杀出了信心，不再怯战，剩下的将士趁机反攻，将内部早就混乱的敌军成功打败。

> 我竟然败于一个文官之手……

朱宸濠一看情况不对，换成平民衣服，准备坐着渔船逃之夭夭。他看见岸边停靠着好几艘渔船，以为是老天待他不薄，终于眷顾他一回，没想到上了船，再仔细一看，这些人全是王守仁派来埋伏的。就这样，在朱厚照南巡之前，王守仁花费近三十五天的时间就将朱宸濠活捉，平定了宁王之乱，后升任江西巡抚。

> **蔡公曰** 宸濠包藏祸心，已非一日，宫廷岂无所闻？误在当道得贿，暗中袒护，俾得从容布置，蓄盗贼，制兵甲，直至戕害抚臣，名城迭陷，设无王琼之先行设法，王守仁之驰归决策，则大江上下，偏布贼党，明廷尚有豸乎？

贪玩皇帝的陨落

王守仁平定了宁王之乱这个消息传到宦官江彬的耳里时，他正在筹备打理朱厚照南巡的事务。看到武宗兴致冲冲地准备南下，江彬决定不将此事禀报给朱厚照。

江彬，何许人也？他乃朱厚照的第一宠臣，靠着一张嘴哄得朱厚照团团转，诱骗他到处玩乐，耽于朝政。

当时王守仁已将朱宸濠押到浙江，上疏奏请举行献俘仪式。这则消息被江彬压下来，他命王守仁将朱宸濠带回江西。为了哄武宗开心，江彬要让他体验一把当平定战乱的"威武大将军"的威风。

得到上面命令的王守仁惊呼"荒唐！"，百姓们因战乱苦不堪言，还没收拾好这些战事残局，又要重演一次。何况朱厚照是带着他的十万大军御驾亲征的，到时所到之处皆会寸草不生。

王守仁冥思苦想一整夜，也想不出任何对策，但仍毅然决然选择抗命，只为守护一方百姓的安宁。江彬得知王守仁抗旨不遵后，气急败坏，诬陷王守仁与朱宸濠是一伙的，只是因为朝廷发兵，才不得以逮捕朱宸濠来开罪。隔日，王守仁就收到朱厚照派来的先遣队已到达的消息，先遣队的领头人是杨永。

王守仁决定赌一赌，王、杨两人碰面。一番会谈之后，他们认为若是接下命令，江彬等人一来，必定以武宗朱厚照的名字狐假虎威，搜刮民财。可若抗旨，将遭受小人的挤兑怨恨，极有可能招来杀身之祸。

于是，王守仁决定将朱宸濠交给杨永，不记功劳，只愿百姓平安幸福，不再受战争之苦，也希望躲过这次无妄之灾。

此时朱厚照早已知道宁王之乱已被平定，杨永上朝面圣，把此事的来龙去脉——道来，还极力称赞王守仁的忠勇和才略，说他是个不可多得的人才。王守仁这才逃过一劫。

面对这种情况，朱厚照也只是板着脸呵斥江彬，告诫他诸如此类的事情下次不可再有。可以看出来，第一宠臣究竟有多被宠了。本想借朱宸濠来哄朱厚照开心的江彬，被王守仁坏了好事，对他心生不满。

王、杨两人见面的同时，江彬也得到消息，王守仁已抵达杭州，于是即刻派人将朱宸濠押回到自己手中，好上演一出武宗平叛逆贼朱宸濠的戏码。

然而王守仁对江彬派来的人一番软硬兼施后，他们无奈空手而归，禀报朱宸濠已被献给杨永。

这两件事之后，江彬对王守仁的仇恨值拉满，处处找机会刁难他，还派出同党张忠携部分京军率先进入江西。

朱厚照虽不能当一次大将军了，但南巡的事情还在继续，此时部队已经行至山东。南巡前，群臣纷纷劝谏，即使知道朱宸濠已被逮捕，朱厚照仍要南巡。举朝上下，只有江彬一人支持。

因出师不能携带女眷,朱厚照将心爱的佳人刘姬安置到郊外。两人临别时,刘姬赠予朱厚照一根簪子作为信物。现得知不用打仗,朱厚照立即派人将刘姬接来。但不凑巧,朱厚照把簪子弄丢了,而刘姬见不到簪子,无论如何也不肯走。

> 要去哪里打仗?

> 咱们是去找一支簪子。

所以,跟随武宗的十万大军便硬生生地停下来,只为寻找这根簪子。

不出王守仁所料,每到一处,江彬都会仗势欺人,利用朱厚照对他的信任,欺负地方官,甚至出动士兵搜刮民脂民膏,搞得百姓叫苦连天。

张忠抵达江西时,立即逮捕了伍文定,逼他供出王守仁是反贼朱宸濠的同党。张忠无论如何严刑拷打，伍文定都抵死不认，还破口大骂："老子上战场为陛下拼天下，你们这群文官，天天在那儿栽赃陷害，真是一群小人！"

这么几句下来，张忠也被这气势震住了，又去审问朱宸濠的手下。好在他们虽有谋反之心，但还存留一丝道德底线，谁也没有冤枉王守仁是反贼。张忠岂会善罢甘休，立马重整旗鼓，发兵在城内寻衅滋事，闹得人心惶惶。

此时王守仁已经回到江西，张忠就令人到王守仁的家门口大骂。王守仁没有因此恼怒，而是善待这些士兵。久而久之，士兵们良心发现，不愿再去听从张忠的命令了。

张忠还是不死心，鸡蛋里挑骨头，硬要寻找王守仁的缺点，终于在他的工作中找到纰漏。他对王守仁说："宁王被捕，他在南昌这些年积攒起来的家底绝非一星半点儿，抄家时的账本现今何处？"

王守仁沉吟了片刻便道："确实有这么一个账本，里面详细地记载了每一笔钱财数目的来源和去路，不知公公是否要过目一番？"

张忠此时慌了，因为他知道这些账本里必定有他的名字。

张忠气得脸红脖子粗，怒道："不扳倒王守仁，绝不罢休。"他抓耳挠腮，日思夜想，终于想到一个。

王守仁的身材极瘦。张忠假意好心邀请王守仁来看京军操练，实则是想看他笑话。张忠递给王守仁一把弓箭，邀请他可否表演一番，心里暗道："瘦瘦弱弱，一看就不中用，怕是连弓都拉不开。"

但没想到，王守仁从搭箭到射箭，一套动作行云流水，三发三中红心。这可把一旁观看的士兵惊得连连称好，张忠也看呆了。

至此，张忠已经死心，带着士兵灰溜溜地逃出江西。

另一边的武宗一边玩一边闹，一路下来终于来到江西，而江彬对王守仁的怨恨还是没有消去。他秘密谋划，让张忠在朱厚照面前，时不时暗讽王守仁这个人品行败坏，还阴阳怪气地道："陛下，您进赣已久，可王守仁却迟迟不来拜见，怕是对您不崇敬呢……"

> 皇帝怎么没的？

> 总出去玩，把自己玩没了！

好在杨永及时通知，王守仁快马加鞭前来拜见朱厚照。他也想到了对策，隔日对外宣称辞官入道，毕竟平叛之事业已解决。听到这则消息的武宗很是感动，让王守仁继续当官，还痛骂了江彬一番。

最后，江彬也没有精力再去对付王守仁了。朱厚照终于在江南玩够了，准备返程回京，却没想到在一次钓鱼中意外溺水。此事之后，他一病不起，不久便去世了。朱厚照死去后，杨廷和主持大局，将奸臣江彬等人一并除去。

> **蔡公曰** 有文事者必有武备，孔子所谓我战必克是也。王守仁甫立大功，即遭疑谤，幸能通变达机，方得免咎。至忠、泰校射，独令试技，夫身为大将，宁必亲执弓刀，与人角逐，诸葛公羽扇纶巾，羊叔子轻裘缓带，后世且盛称之，何疑于守仁？然此可为知者言，难与俗人道也。迨诶发三矢，无不中鹄，宵小庶无所借口矣，此文事武备之所以不容偏废也。武宗任情游幸，偏爱渔猎，泛光湖观鱼，尚嫌未足，积水池捕鱼，且欲亲试，岂得鱼数尾，便足为威武大将军耶？未懔冯河之戒，几召灭顶之凶，假令无王守仁之先平叛逆，而欲借张忠、许泰辈随驾亲征，其不蹈建文之覆辙者鲜矣。然则武宗不覆于鄱阳湖，仅溺于积水池，受惊成疾，返殂豹房，其犹为幸事乎。

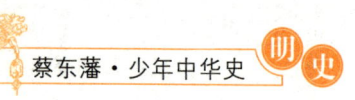

宫廷辩礼

明武宗暴病后，因为他膝下无子，内阁首辅杨廷和紧急之下想到让明武宗的堂弟朱厚熜来当新帝。当朱厚熜高高兴兴来到皇宫坐上龙位时，杨廷和却一脸严肃地告诉他："现在朱祐樘是您的亲爹，朱厚照是您的亲兄弟。"

本来是开心当皇帝的朱厚熜瞬间拉下脸，一脸茫然，那他的亲爹兴献王呢？

杨廷和告诉他，以后他要称朱祐樘为亲生父亲，兴献王为皇叔，要叫母亲蒋氏为皇叔母。对于年仅十几岁的少年来说，朱厚熜显然无法接受这个荒唐的说法。

杨廷和以"兄终弟及"之言，商论出以兴献王长子朱厚熜继承帝位，得到武宗的生母张太后的允许。后以此为由，将兴献王长子朱厚熜登基之事昭告天下。

从儒家传统思想来说，如若朱厚熜接过这个皇位，需要断绝与父亲的关系。好比说，朱家一房明孝宗，二房兴献王，现在长房无人，须从二房过继一人，祭祀时朱厚熜就要称伯父朱祐樘为父亲、亲生父亲为叔父，这才符合封建礼仪。

宫廷辩礼

起初面对这个条件的朱厚熜是愿意的，但还没有把龙位捂热就反悔了，还是想为自己的父母亲正名。本是"君无戏言"，群臣们得知朱厚熜出言反尔后，自然撂挑子不干。

这就是明朝著名的"大礼议"事件的背景。老奸巨猾的三朝元老杨廷和对朱厚熜给与的高官厚禄不为所动。朱厚熜刚刚接手帝位，实权大部分被杨廷和紧紧地攥在手里。

此大礼议事件，朱厚熜不单单是为提升生父的谥号，实质也为了得到实权。

新考取的进士张璁听闻此道，立即明了了朱厚熜之意，上疏道："大明朝并无规定，皇位得由父子继承，且同是明宪宗之孙，所以无须继嗣。"此论一出，朱厚熜大喜，但张璁人微言轻，遭受其他大臣的挤兑，后被贬到他地。

登基数月后，朱厚熜想把母亲蒋氏接来享福。蒋氏听到此事后，怒道："我的儿子竟要叫别人父亲。"气到不愿再进京。

朱厚熜慌了，无奈之下再与杨廷和商量，可杨廷和依旧不肯退步，还以朝中大臣辞官还乡步步相逼，惹得朱厚熜大哭大闹。他痛哭道："既然无法相认自己的父母，那这个皇帝不做也罢！"

大臣们慌了，这可不妥。一群人讨论之下，想出一个办法，最后以"本生父为兴献王"，其母也以太后之礼进京，此事才告一段落。

之后，有人灵敏地觉察到朱厚熜对这件事的处理仍不满意。张璁被朱厚熜调回朝廷后，大力支持朱厚熜追升其父兴献王的谥号。

张璁、桂萼一同上疏支持朱厚熜。这时杨廷和上疏辞官归隐，受够他种种限制的朱厚熜赶忙同意了。虽然没了杨廷和这个最大的限制，但是其他大臣还在。

此时朝廷分为两党：一为支持朱厚熜，一为封建保守派。朱厚熜不顾阻止要提升其父的谥号。据史书记载，当时有229人跪拜在左顺门前大哭劝谏朱厚熜，朱厚熜劝退他们无果，遂大怒，当场仗刑致17人死亡。

左顺门事件之后，无人再敢劝谏，之前支持朱厚熜的张璁、桂萼因此得势。朱厚熜赢得了这场长达三年之久的大礼议事件的胜利。他下旨追尊兴献王为睿宗皇帝，入太庙神位也在明武宗之上。

朱厚熜刚登基时，改年号为嘉靖，此时已是嘉靖三年（1524）。

嘉靖初年，广西田州土司岑猛奉命领兵远征，因不满朝廷的奖励而心生芥蒂，不仅为非作歹，欺辱百姓，侵占本不属于自己管辖的地区，还发兵攻打周围的官府，弄得民不聊生。

朝廷派出巡抚姚镆前来镇压，一举灭掉了嚣张跋扈的岑猛，还废除了"土司制"，改为中原地区的管理制度。正当姚镆高高兴兴收兵回去讨赏时，岑猛的余党——卢苏和王受决意为岑猛出这口恶气，准备报复回去。

嘉靖六年（1527），卢苏、王受二人潜回当地，蓄意挑动民众反对改制，并对大家谎称岑猛没有死，打着原土司岑猛的旗号，联合余党起来造反。

姚镆立即整装上阵，即使他有二十万援兵，局势还是很不利。卢苏、王受谨慎严谨，做了充分准备，姚镆节节败退。无奈之下，姚镆只好请出退隐浙江多年的王守仁。

体弱多病的王守仁推脱不下，只好勉强答应，踏上平定叛乱的征途。他身边没有大部队，只有几个仆从。

王守仁抵达广西后，与众人商议出以抚为主、以战为辅的作战策略。王守仁早已名满天下，许多人前来为王守仁献上计策。其中有一人名为岑伯高，自称与卢苏、王受二人颇有交情，可解此乱。

王守仁思虑过后，接受了岑伯高的意见，并派他与卢、王两人陈述投降归顺的利和血战到底的害。三人会见后，岑伯高凭借三寸不烂之舌，让两人同意归顺。

不过知晓这背后有可能是阴谋的卢、王两人也提出了几个条件，其中一条便是与两广总督王守仁会面商谈归顺流程之事时，要带上护卫确保自己的生命安全。

几日后，卢、王两人派密使与王守仁密谈。卢、王二人负荆请罪，来到两广总督府前，王守仁秉公行事，列举了两人的一系列罪状，各打一百大板，但念在二人主动认罪，接受了他们的归降。

就这样，王守仁不费吹灰之力就将这件让姚镆和二十万援军为难的事完美解决了。

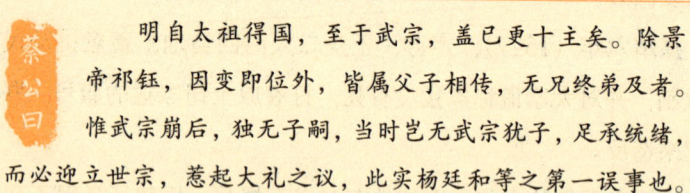

> **蔡公曰**
>
> 明自太祖得国，至于武宗，盖已更十主矣。除景帝祁钰，因变即位外，皆属父子相传，无兄终弟及者。惟武宗崩后，独无子嗣，当时岂无武宗犹子，足承统绪，而必迎立世宗，惹起大礼之议，此实杨廷和等之第一误事也。世宗既已入嗣，于孝宗固有为后之义，然以毛里至亲，改称叔父叔母，于情亦有未安。诚使集议之初，即早定本生名号，加以徽称，使世宗得少申敬礼，则张璁等亦无由乘间进言；乃必强词争执，激成反对，此尤杨廷和等之第二误事也。不宁惟是，廷和等身为大臣，既因议礼龃龉，隐忤帝意，则此后宵小进谗，政令未合，亦无自绳怨纠谬，格正君心。盖君臣之际，已启嫌疑，虽有正论，亦难邀信。如斋醮一事，明为无益有损之举，而世宗惑于近言，以致遂非拒谏，其情弊已可见矣。故世宗之刚愎自用，不无可议，而吾谓激成世宗之刚愎者，杨廷和等实主之焉。

道教皇宫

就在朱厚熜冥思苦想该如何解决大礼议事件时，张璁呈上奏疏，里面的每一个字都写到了朱厚熜的心眼里。

张璁不同于杨廷和等保守封建派，而是与朱厚熜站在同一条战线上。因为做派，他被杨廷和等大臣们排挤到外地。历尽千辛万苦考取进士，此时却无奈离开朝廷，灰心丧气的他遇见了同样在仕途上受到重重阻碍的桂萼。

两人一番倾诉，感慨一句，"同是天涯沦落人"。不过，在左顺门事件后，朱厚熜成功打了翻身仗，拿回实权。他没有忘记无比支持他的张璁。朱厚熜将张璁召回朝廷，张璁举荐了桂萼。就在这时，张、桂二人开始得势。

张璁一步一步往上爬，终于坐上了内阁首辅的位子，此时他已是一人之下、万人之上，逐渐变得嚣张跋扈。朝中大臣即使心有不满，也只是敢怒不敢言。

一次，朱厚熜萌生一个想法，想把天和地分开祭祀。此话一出，全朝静默，就连当年大力支持大礼议事件的张璁在这时也安静了。显然，这个想法在当时过于荒唐，且不说天与地在传统思想中是绝不可

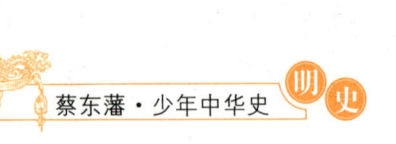

分割的,《皇明祖训》清楚写道：若祭祀，必天地与共。

无人支持的朱厚熜有些落寞，对沉默的张璁十分失望。就在这时，一个名为夏言的吏部小官站出来支持朱厚熜。朱厚熜大喜，力排众议立即将地坛和天坛监造的工作全权委托给他。

也因这事，让朱厚熜对夏言另眼相看，颇有几分要提拔重用他的意思。这让张璁危机感拉满，开始有意刁难他。本就是靠揣摩圣意才得以上位的张璁，也明了此人有自己当年的影子，既不惧权臣，又善于揣摩他人心思，还能说会道。张璁当年就是凭借这些才成为内阁首辅的，如今出现一个同过去的自己相似的人，他心生怨怼，生怕夏言以此俘获圣心。

夏言的官一天接一天地升，张璁也开始算计夏言。薛侃是夏言的部下，他以江山社稷为重写了一封奏折，便与好友彭泽讨论此奏折可否呈递与皇帝一观。彭泽看完，惊叹写得太好了，说不定还能以此一举升官。

薛侃便兴冲冲地将奏疏呈递给朱厚熜。朱厚熜看完以后大怒，直言要宰了夏言。

原来是彭泽为了讨好张璁这位高高在上的内阁首辅，不择手段地出卖昔日好友。这本奏疏的大意是，让皇帝按照以往惯例在此次祭祀活动中从宗亲里选举一位储君。朱厚熜已经登基十载，可却没有育下一子。孩子的事情，是朱厚熜的大忌，无论是谁，只要提到此事，就有可能人头落地。

但是薛侃不知道这回事。彭泽还偷偷跑去告诉朱厚熜，说这封奏折是夏言让薛侃呈上的。就这样，对事情毫不知情的夏言和被好友欺骗的薛侃一同被关进监狱，等候发落。

还没等张璁庆祝终于除掉这个眼中钉、肉中刺时，就传来了夏言、薛侃二人被无刑释放的消息。原来，经过一系列的审讯，查明夏、薛二人是无辜受害，背后真正的小人是张璁和彭泽。

得知真相的嘉靖帝对张璁愤怒不已的同时还失望万分，张璁竟然把自己最忌讳的事情当枪使，拿来对付敌人，这对朱厚熜来说是不可饶恕的。嘉靖帝大骂了张璁一顿，张璁早已无地自容，呈上辞职书，便卷铺盖走人了。就这样，一代内阁首辅下位，夏言步步为营，最后成为内阁首辅。

朱厚熜十分信道，还会就政治方面的事情询问道长。他登基时，张天师就前来朝贺过。朱厚熜提出的问题无非是如何治理国家，但张天师只是语调淡淡地说了四个字——"清心寡欲"。

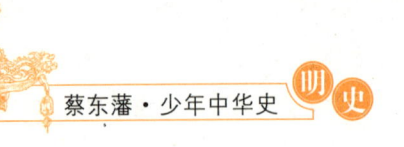

还有个人叫邵元节,他比张天师更得嘉靖帝宠爱。有一年邵元节进京,说了一些长生不老之术。皇帝听完后建了显灵宫,专门用于祭祀。

不单单是求风降雨,朱厚熜喜爱道教,部分是源自他本身的迫切需求:登基多年而无子。邵元节到来之后,做了几场法事,后宫嫔妃接二连三诞下皇子。

后来,朱厚熜对"俗事"已经不感兴趣,准备一心修道,命太子监国。朝中大臣,有人反对,有人支持。其中有一个人青词写得非常好。青词,是道教举行祭祀活动时,需要焚化祭神的文章。

他被人讥讽是"青词宰相",成为肆意妄为、横行朝政的一代奸臣。

> 蔡公曰
>
> 我退一步,寇进一步,玉关以外,从此皆戎,较诸明初之威震四夷,能毋生今昔之感耶?世宗不察,反日改祀典,藻饰承平,至于设坛修醮,礼延方士,祷雪而雪果降,祈嗣而嗣又生,世宗之迷信,由是深矣,然亦安知非一时之侥幸耶?国家将亡,必有妖孽,吾谓邵元节辈,亦妖孽类也。

大奸臣严嵩成名史

这个人就是严嵩,江西新余人,进士出身,擅专国政二十年之久,是明代六大奸臣之一。有言称其为:唯一意媚上,窃权罔利。

严嵩的父亲醉心于权力,自己没能考中科举,便悉心栽培严嵩,使他得以成为进士。后来,严嵩因为生病不得已退官。在此期间,宦官刘瑾把持朝政十余年。后来刘瑾与其党羽被灭,严嵩复官。复官后,严嵩深深明白了权力的重要性,也学会了玩弄权术,口蜜腹剑,逢迎他人。

当时明世宗醉心道教,痴迷长生不老之术,醉心求仙问道,漠视朝政。朝中的大小事务都交给宦官处理。当时的礼部尚书夏言受到宠信,严嵩在嫉妒夏言的同时抓住时机,对夏言甜言蜜语,奉承巴结。

一次,严嵩在家中设宴,让下人请夏言前来吃饭。夏言拒绝了严嵩的好意,严嵩便到夏言家的门前,不顾他人看法,放下自己的脸面,跪在了门口。如此,夏言不好意思再三拒绝,便到严嵩家中赴宴。

严嵩也成了夏言的知己,得到了夏言的引荐,从此步步高升。后来,严嵩对明世宗极尽奉承,处处逢迎,受到世宗的喜爱和重视。他开始巩固自己的势力,实施对夏言的排挤计划。夏言则反对世宗沉迷道教，渐为世宗所不喜。

　　而后，严嵩联合夏言的死对头郭勋在世宗面前诋毁夏言傲慢不恭，藐视群臣，也不好好保管皇上赏赐的东西。在世宗宴请召见他时，他泪如雨下地控诉夏言如何欺辱他，大揭其短。嘉靖二十一年（1542），在严嵩的挑拨离间和栽赃陷害下，夏言被革职还乡。

> 反正都是死，不如干票大的！

　　明世宗横施淫威，鞭打宫女，为追求长生不老，竟在后宫以残忍的手段借少女产药。产药的少女们饱受折磨，毫无尊严，甚至失去生命。重压之下必有反弹。十六个宫女计划勒死明世宗，哪料手忙脚乱中竟将绳子绑了死结，不能收紧。在皇帝挣扎之时，又有一名宫女打退堂鼓去自首了。

弑君谋逆之事被发现，此次宫变失败，不可不让人瞠目结舌。明世宗算是捡回一条命。此事过后，明世宗更是潜心修道，崇奉方术，狂热地崇信道教。大权旁落，朝堂政务交给严嵩处理，此时把持更多权力的严嵩也更加飞扬跋扈和放纵起来。

这时事情出现反转。皇上怒气渐渐消散，又想起君臣十年，念起夏言的好来。再加上严嵩贪婪放纵被明世宗察觉，明世宗需要一股制衡严嵩的力量。于是，明世宗复用夏言。夏言再次入阁，重回朝堂掌政，地位和独揽大权三年之久的严嵩不相上下。

而后，夏言的死对头郭勋因为傲慢无礼被投入诏狱。夏言没了羁绊，话语权和地位提高。夏言复官以后，批示皆不征求严嵩意见，对于严嵩私自提拔任用的人大加鞭笞放逐。严嵩认为夏言是个必除的威胁，对夏言怀恨在心，更加想要扳倒他。

没想到的是，严嵩的儿子严世蕃因为把持官吏任选、升迁事务，利用权力搜刮钱财，收受贿赂，甚至不给太子发放岁赐而被弹劾。种种事情皆被御史记录在卷，呈给皇上，皇上大怒，下令逮捕严世蕃入狱。

"能屈能伸"的严嵩上门扑在夏言的脚下，一顿痛哭流涕，表现得十分可怜。夏言貌似是记恨、不好说话之人，其实他的心胸宽广，觉得严嵩有悔过之心，最终还是叹了口气，挥挥手示意他们离去，放过了他们。严嵩很高兴，千拜万谢离去。

岂知这就是放虎归山。正是这个一念之仁，将他推向死亡，换来了恩将仇报。严嵩没有因为夏言放过自己而心怀感激，相反，他表面上装得谦虚谨慎，暗地里却一直谋划扳倒夏言。

此次危机过了五六年之后，严嵩终于逮到了机会。嘉靖二十七年（1548），鞑靼入侵，陕西总督曾铣上陈奏疏，提出收回河套的建议。此举得到夏言的鼎力支持，二人也常在一起商讨如何收复失地的计划。明世宗十分高兴，认为此举有诸多益处。

老奸巨猾的严嵩却暗中实施谋害计划。他设计买通皇帝的左右近侍，让他们总是有意无意地在明世宗面前进谗言，污蔑收回河套是夏言与曾铣的信口开河，是他们俩的计谋，最终只会带来无限的祸害。

再加上严嵩贿赂边将，上书污蔑夏言和曾铣有勾结，收回河套别有用心。严嵩也在明世宗面前添油加醋，说两人夺回河套别有想法，

有自己的预谋。谗言进献至此，明世宗果然相信了夏言目的不纯，有私心。

明世宗让夏言辞官回老家了。这虽然没有多么风光，但是也可以安享晚年。可怕的是严嵩非要赶尽杀绝。他又造谣说夏言回乡后，在家乡污蔑、毁谤明世宗。

流言蜚语传进了世宗的耳朵里。明世宗听闻此事，当即坐不住了。严嵩又起草上疏，攻击夏言收了曾铣的贿赂，两人狼狈为奸。世宗悲愤交加，下旨让夏言入狱。

严嵩继续陷害夏言，控诉他在外结交领兵大臣，在内结交内侍，有谋反之意。明世宗大怒，下旨于同年十月将夏言斩首。奸臣严嵩目的达成，当上了内阁首辅。世宗也把所有朝政事务交给严嵩打理。严嵩总揽朝中大权，势力如日中天。

> **蔡公曰** 世宗与夏言，皆以好刚失之，世宗惟好刚故，几罹弑逆之变，夏言惟好刚故，屡遭构陷之冤，独严嵩阴柔险诈，象恭滔天，世宗不能烛其恶，夏言反欲凌以威，此皆为柔术所牢笼，堕其术中而不之悟，无惑乎为所播弄也。宫变一节，虽与严嵩无关，而世宗因此潜居，使严嵩得以专柄，是不啻为嵩添翼。

杨继盛舍生取义

严嵩独揽大权的同时，俺答对居庸关的侵犯并没有停止，总兵官周尚文派兵前去截击，暂时打退了俺答。严嵩父子跟周尚文有过节，就想陷害他，好在明世宗很欣赏周尚文。不幸的是，虽然周尚文没有被严嵩陷害，但是不久却病逝了。

周尚文病逝以后，张达接替了他的职位。但是张达不擅长带兵，有勇无谋，双方大战一场后，死伤了很多士兵。最后，张达不幸遭遇埋伏，战死沙场。俺答顿时士气大涨，意图攻占大同。

严嵩这时候接受了一个名叫仇鸾的人的贿赂，竟然任命他为大同总兵官。仇鸾是个没有志气的人，他直接用金银财宝贿赂俺答，让他们不要攻打大同。俺答收了他的贿赂，沿着长城，直达古北口，接着侵犯怀柔，围攻顺义，直达通州。

朝中大臣接到战报后十分慌乱，只好派文臣把守京城的各个大门。这些文臣和留在京城的士兵大多是老弱病残。不仅如此，他们还没有足够的铠甲和兵器。这时，明世宗已经很久没有上朝了，他在获知此种情况后只是责备了这些大臣，却封仇鸾为大将军。

严嵩这时可以说是一手遮天。他直接对兵部尚书说："如果边疆地区失守，我们还能掩饰，但是皇城外面失守，大家就都知道了，你还是以防守为主，不要正面与他们交战，等他们抢够了自然会离开。"于是，兵部尚书下令不要轻举妄动，以防守为主。

俺答不断犯边，长此以往不是办法。仇鸾只好再次派手下时义、侯荣去见俺答。俺答看到他们之后，问："你们是又来给我送钱的吧？"时义说："您想要金银财宝，我们给您就是了，但是如果惊动朝廷，让皇上产生怀疑，他可能就不愿意送给您金币了。"

俺答说："我没有攻占你们京城的意思，只是想互市通贡，只要你们答应我，我就立马退兵。"仇鸾知道皇上想要主攻，而不是防守，肯定不会答应这个条件，于是瞒着，没敢上报。

俺答等了三天也没有消息，就直接派兵去东直门抢了几个太监，并给了这几个太监一封信，让他们带给明世宗。明世宗看完信后才知道俺答的意思，于是和严嵩商量这件事情。严嵩听了不好决断，想要嫁祸给礼部侍郎徐阶，就让他来出主意。

徐阶虽然知道严嵩肯定憋着一肚子坏水，但也只能硬着头皮说："如果他们只是想要些钱财，那就给他们，但我怕他们会得寸进尺，不如让他们先退出关外，再重新呈上一封奏章，以示隆重。如果他们真的退出，我们就趁机调兵回京城，到时候可以答应的条件就答应他们，不能答应的话，就跟他们交战。"

明世宗觉得徐阶说的有道理，但是俺答并不同意这个条件。就在满朝文武急得像热锅上的蚂蚁时，国子司业赵贞吉大声说道："我主张开战，不用跟他们联合。俺答如今已经兵临城下，我们再犹豫只会错失战机。"世宗听了他的话，双方开始交战。

俺答在京城周围抢夺了七八天，收获很多，直接退去。仇鸾砍了八十多位死去士兵的脑袋，说是敌人的脑袋。明世宗听信了他的话，封他为太保。

没过多久，俺答又来侵犯。仇鸾想要故技重施，派人去贿赂他，还告诉他，愿意互市通贡，希望俺答不要动兵。俺答听了很高兴，同意了。于是，仇鸾和严嵩一起商议，每年分春、秋两次入贡。兵部车驾司员外郎杨继盛觉得这样不好，直接给明世宗上奏，强烈反对这件事。仇鸾对明世宗说："他之所以这么说，是因为他不会打仗，所以才说得这么容易。"

世宗听了他的话，觉得有理，便贬了杨继盛的官，同意开通马市。马市开通后，俺答起初还讲信用，按照马匹质量估价，后来却以次充好，不讲信用，甚至骚扰边疆的城市。有的时候，早上还在互市，晚上就来劫掠居民，把自己卖过来的马直接带回去。大同巡按御史一而再再而三地上奏，说如果继续互市，肯定招来大祸，世宗这才出兵前去讨伐。

仇鸾这时的权力已经和严嵩差不多了，开始骄傲起来，还秘密上奏严嵩父子贪赃枉法。于是，明世宗开始疏远严嵩，严嵩寻思复仇。

明世宗再次派仇鸾出兵对抗俺答的时候，严嵩派大臣去监督。在大臣的监督下，仇鸾不敢故计重施，局势越来越严重。世宗很生气，另派总兵陈时接替仇鸾的职务。不久后仇鸾因病去世。

明世宗考虑到杨继盛是因为弹劾仇鸾才被贬，现在已经知道仇鸾没什么用了，于是重新把杨继盛召回京城，升他为兵部员外郎。严嵩因为杨继盛弹劾过仇鸾，很是解气，也帮他说了些好话。于是，杨继盛又被升为兵部武选司。

杨继盛一心想着报效国家，刚上任一个月，就想上疏弹劾严嵩。妻子告诉他："你这样多半是无济于事，现在严嵩一手遮天，你又怎能劝动皇上？"杨继盛说："我只想报效国家，如今严嵩父子霸权这么久，我深受皇上信任，为了家国，万死不辞。"于是，他把严嵩的各种罪状详细地陈述在奏折中，呈给明世宗。

只是道高一尺，魔高一丈，严嵩使出各种手段，诬陷杨继盛，最终导致他被处死。一代忠臣就此舍生取义。

蔡公曰 俺答入寇,以及议和互市,无非是幸臣误国,酿成寇患。夫俺答虽称狡诈,而未尝有入主中原之想,观其大掠八日,饱扬而去,可知赵贞吉之主战,未尝非策。果令宸衷独断,奋发有为,则岂竟不足却敌?于少保当土木之败,犹能慷慨誓师,捍守孤城,况俺答不及也先,世宗权逾景帝,宁有不事半功倍乎?至若仇鸾之创开马市,取侮敌人,杨继盛抗疏极言,其于利害得失,尤为明畅,世宗几为感动,复因仇鸾密陈,以致中变,盖胸无主宰,性尤好猜,奸幸得乘间而入,而忠臣义士,反屡受贬戮,王之不明,岂足福哉?

赵文华搬起石头砸自己的脚

嘉靖三十一年（1552），安徽人汪直逃亡到海上，与徐海、陈东和麻叶等人互通信息。汪直很快就成了海上巨寇，甚至连海外的倭寇都听从他的指挥。于是，汪直带领倭寇一路进犯东南，百姓不得安宁。朝廷决定选派巡抚御史王忬监督沿海的军务要事。

王忬到任后，立马依靠有勇有谋的参将俞大猷、汤克宽为左右手。刚开始，他们先发制人、前后夹击，平息了倭寇。哪知汪直又煽动倭寇，调动了几百艘战舰，从东、西两面进攻。王忬让汤克宽防守东面，俞大猷防守西面，两人智谋双全，无论汪直如何进攻，都无法成功。奸诈的汪直则转向进攻一向富饶且没什么防守的北面，最后偷袭成功，开始大肆掠夺，导致民不聊生。

这时，刚升为工部侍郎的赵文华知道明世宗相信斋醮，便投其所好，借此事上奏，请世宗祭海神。世宗看完奏章后召见严嵩询问，严嵩是赵文华的义父，自然是极力撺掇进行海祭。

严嵩请求让赵文华前去祭祀，并说赵文华略懂军事，也可顺便查探军情。世宗同意后，赵文华立马南下。如此美差，他沿途自然是向各地索要钱财，霸道横行。到了江南，处理完祭祀海神的事情后，赵文华就想和张经谈论军事。张经自认为是督军元帅，地位高，不想和赵文华谈论；而赵文华自以为是钦差大臣，同样瞧不起张经。因此，二人没说几句话，就无法再交流下去。

这时，广西田州土官的妻子瓦氏夫人率狼兵数千抵达苏州。巡按御史胡宗宪、赵文华再三催促张经发兵，张经却按兵不动，还说需要等大部队到齐再围剿倭寇。这只是个借口，实际上张经是怕赵文华泄露军机。

赵文华心急如焚，气急败坏，便向世宗上书弹劾张经，说以张经的实力轻而易举便可平息这些倭寇，但他却迟迟不发兵，一定是因为他和很多倭寇是同乡，故意延误时间。

奏章刚送出去，张经就调来永顺、保靖的兵马，水陆夹攻倭寇，最后在石塘湾打败倭寇。倭寇狼狈地向北逃窜，却又碰上总兵俞大猷，又死伤一半。情急之下，只好掉头往王江泾逃去，没想到在路上遭到永顺、保靖两队兵马的夹击。最后，倭寇所剩无几，彻底战败。这次围剿，算是出师以来的一次大胜仗。

张经非常开心，急忙给朝廷发去捷报。世宗先是接到赵文华发来弹劾的奏章，正要派人将张经抓捕归案，又收到了张经发来的捷报，接着赵文华发来的捷报也到了，但两个人的捷报内容却完全不同。赵文华说倭寇到了之后，张经迟迟不发兵，是自己和胡宗宪督促再三军队才出战的，这才取得了胜利。

世宗看着两份大不一样的奏章，十分苦恼，便又召来严嵩，想听听他的判断。严嵩自然是帮义子的。世宗便派人前去抓捕张经，包括李天宠、汤克宽等人。到了京城，张经向世宗说明，这是有人诬陷功臣。但无论他如何解释，世宗都不予理睬。最后，张经等人含冤而死。

赵文华将沿路掠夺的军饷钱财、奇珍异宝尽数献给严嵩夫妇。在严嵩的帮助下，赵文华任右副都御史，提督浙江和福建的军务，再次被世宗派去视察江南。

到了浙江，胡宗宪摆酒给赵文华接风洗尘，态度恭谨，毫不含糊。席间，他们谈论到了军事。胡宗宪足智多谋，认为此战不知道要打到什么时候，不如先招抚海盗。由于汪直有勇有谋，不易招抚，不如先从徐海、陈东和麻叶三人入手。赵文华自然是赞成的。

得到赵文华的认可之后，胡宗宪采用离间计，将徐海和陈东离间后，使他们分别驻守东、西沈庄，又模仿陈东字迹告诉陈东手下说徐海归顺朝廷了。陈东手下自然气愤不已，于是攻打东沈庄。徐海反应过来中计时已经迟了，最终毙命。

东沈庄被破后，西沈庄自然站不住脚了。赵文华立即向京城报捷，并且押着强盗头目陈东、麻叶回京献礼。两人被世宗下令处死。

世宗非常高兴，下令加封赵文华为少保，胡宗宪为右都御史。赵文华获得加封后，忙去严府叩谢严嵩，送的礼物是之前的两倍多。严嵩夫妇非常高兴，严世蕃却脸色不好，对赵文华送予他的厚礼，不屑一顾。

此时的赵文华受到世宗的宠幸，地位与严嵩相当，回去之后便暗想：现在我所有的官职、富贵都倚仗严府，可是说不定什么时候严嵩就会倒台。如果严氏倒台，那我岂不是也会跟着遭殃？况且严世蕃对我送他的厚礼不但不道谢，反而摆出一副不屑一顾的态度。我一定要为自己打算一番了。

一天，赵文华来到严府，看见严嵩正在书房独自喝酒。听说此方可以延年益寿，他就向严嵩讨要了一份。

赵文华得到药方之后，立即上奏世宗："臣有一张药方，听说按这个药方配成酒，经常喝可以延年益寿。大学士严嵩喝了一年，觉得十分有效，我得到之后便立马献给皇上。"世宗看完奏章后说了一句："严嵩有如此秘方，竟然不告诉我，偷偷藏着，人心难料啊！"

哪知这句话被身边的内侍听了去，告诉了严嵩。严嵩十分气恼，不愿见赵文华。不过，过了一段时间，严嵩的气消了。于是，在严嵩妻子欧阳氏的帮助下，加之赵文华态度诚恳，最终获得了严嵩的原谅。

赵文华搬起石头砸自己的脚

嘉靖三十六年（1557），世宗命赵文华督建正阳门楼，必须在两天内竣工。时间如此短暂，期限到了，他也只完成了一半。世宗认为赵文华督建不力，藐视皇帝。赵文华知道后，害怕受罚，连忙上奏离职，世宗准奏。

赵文华还想官复原职，便让儿子赵怿思以送父亲为由去宫里请假，却不想弄巧成拙，世宗指责赵怿思顾家忘国，而赵文华有意试探圣上旨意，应削职为民。

赵文华接到旨意后，万念俱灰，只能带着家眷南下。他本就身体不好，加上如此打击，旧病复发。

一天晚上，赵文华突然觉得肚子肿胀，就用手去揉，没想到肚子竟然爆开了，当场毙命。

> **蔡公曰** 胡宗宪用谋赚盗，计划层出不穷，颇得孙吴三昧，徐海、陈东、麻叶，俱因此致戮，不得谓非宗宪之功。惟阿附赵文华，掠夺张经战绩，致为士论所不齿，可见有才尤须有德，才足办盗，而德不足以济之，终致身名两败，此君子之所以重大防也。

一代海贼王的陨落

胡宗宪听说赵文华被罢官之后，因为自己失去一个帮手而惆怅起来：虽然已经除掉了徐海等人，但汪直仍然在海上纵横。

胡宗宪突然想到，汪直是自己的同乡，他去当海盗后，没有带走母亲、妻子。于是，胡宗宪命人把汪直的母亲和妻子接到杭州，并且好生款待。胡宗宪还去亲自慰问，让汪直的母亲给汪直写信。

收到家书的汪直这才知道家人不仅安全，还受到了胡宗宪的礼遇，心生感动。此时胡宗宪派蒋洲来游说汪直。

汪直叹气道："徐海、陈东和麻叶他们都死在胡都督的手里，难道我也要自寻死路吗？"蒋洲抚慰道："那是因为他们都不是胡都督的同乡，您和胡都督都是徽州人，有着同乡情谊。况且，如果不是念着这份情谊，谁会对仇敌的家属好生款待呢？"

汪直最终被说服，说："你先回去，我过几天就来投降！"他们俩说定时间后，蒋洲立即回去如实禀报给胡宗宪，胡宗宪非常高兴。

可是，到了期限，汪直并没有来。巡按周斯盛对胡宗宪说："汪直狡诈，想必是蒋洲已经被收买了，他们合起伙来欺骗你。"胡宗宪听信了他的话，把蒋洲投进监狱。蒋洲边替自己辩解，边说汪直为人豪爽，不会无缘无故失约，定是有事情耽误了。

就在这时，手下人来报，说汪直到了，他说是来投降的，但由于带的人太多，沿海的将士们都做好了战斗准备。

胡宗宪当即就和周斯盛商议。宗宪本想再派蒋洲前去招抚，但周斯盛担心蒋洲靠不住，便请求另派他人。宗宪最后改派指挥夏正前去招抚汪直。

此时的汪直看将士们戒严，有些心慌，对夏正说："蒋先生为什么没有来？难道是因为我延期吗？我路上遇到大风，船被毁了，只能折返回去换了别的船，这才延误了时间。"

夏正回答道："胡都督心胸开阔，自然不会怀疑您，蒋先生只是刚好有事，没有时间来。"

汪直还是不相信，就让养子王㴶跟着夏正去见胡宗宪。宗宪没有等来汪直，就问王㴶原因。王㴶说："我们好意投诚，你们却派将士严防，我们怎会没有戒心？"在宗宪的再三安抚下，王㴶才说："父亲并非不愿见大帅，只是被拦住了。如果你们有诚心的话，就让你们的一位大臣上去换他下来。"宗宪当即派了夏正跟着王㴶回去，让他留在船上。

王㴶将汪直请了去见胡宗宪。胡宗宪开门迎接，汪直立即跪下请罪。宗宪将他扶起，笑着说："大家都是同乡，不必客气！"随即邀请汪直就座入席。

汪直感慨道："大帅不计前嫌将我招抚，我必为您肃清海盗和倭寇，以此谢罪。"

宗宪说："老兄敢作敢当，以后为国出力，爵位定比我高！"

汪直喜出望外："这全倚仗大帅的提拔。"

宗宪设席款待汪直。宴会结束后，他留汪直在客舍住下，同时命人写好奏章替汪直请罪，当天就发了出去。

过了几天，宗宪收到朝廷的回复，打开一看，不禁皱起眉头。原来朝廷认为汪直是海上盗贼的元凶，必须将他就地正法。

宗宪无可奈何，不敢违抗旨意，便只能高声对汪直说："我之前递送的奏章已经得到回复，足下要高升了。"

汪直大喜，刚要说"感谢"，却不承想两旁的门突然涌出许多持刀佩剑的士兵。在汪直诧异之际，宗宪高声说："请阁下跪下听旨。"

一代海贼王的陨落

无可奈何，汪直只能跪下，听宗宪大声宣旨。当念到"就地正法"时，那些士兵立马将他绑了起来。汪直愤恨地说："胡宗宪，没想到我还是中了你的计！"

宗宪扬了扬手上的圣旨，说："请你原谅，我写的奏章也在这儿，不妨给你看看。"

汪直哪还想看："你不过就是想我死罢了！"

宗宪不与他争辩，下令将汪直斩杀了。消息传到船上，留在船上的夏正被愤恨的海盗们杀害。之后，海盗们扬帆而去。

话说海外倭寇被荡平后，世宗专心于他的斋祭事宜，并说："倭寇被荡平，都是鬼神保佑的！"可见，世宗如此信道。

> **蔡公曰** 明有两汪直，一为宫役，一为海寇，两人以直为名，非但不足副实，且皆为罪不容死之徒。然彼此互较，吾宁取为海寇之汪直。直亡命有年，顾闻母妻之居养杭州，即有心归顺，似尚不失为孝义。后与蒋洲约降，中途遇风，仍易舟而来，其守信又可概见。宗宪为之保奏，使之清海自赎，亦一时权宜之计，明廷不察，必令诛戮降附，绝人自新之路，且使被质之夏正，为所支解，吾不禁为汪直呼冤，吾又不禁为夏正呼冤也。世宗有意修醮，乃好杀如彼，而好仙又如此，万士杂进，房术复兴，清心寡欲者，固如是乎？

盛极必衰

"鄢懋卿,冒青烟,生就一副坏心肝。"嘉靖年间流传的谚语如是说道。这句简单的谚语流传甚广,足以看出鄢懋卿极其不受百姓待见。

鄢懋卿懂得观察当世局面,攀附上严嵩父子,成为严嵩的义子之一。他仗着严嵩父子的权力,到处弄权谋利,所受贿赂数不胜数。若没有满足他的胃口,就会被他想着法子整。因此,每当听到鄢懋卿要到哪个地方巡查,那个地方的官员必然犯愁:如此大的一笔钱财该去哪里凑够呢?

鄢懋卿生性爱奢靡,夸张到甚至用彩色的锦缎来装饰厕所,用白银装饰作为小便的器皿,甚至要十二个美人作为轿夫抬着他的五彩大轿。

但他偏偏喜欢立"清官"的人设。在鄢懋卿被朝廷派去浙江视察的时候,他冠冕堂皇地给浙江各州县发出一张公文说:"我的生活一向非常俭朴,千万不要为了接待我而铺张浪费。"各州县官吏自然知道他的表里不一,在他来之前就到处搜集钱财,满足他的贪心,以免受欺负与侮辱,而且大张旗鼓地迎接他,同时附和夸赞他是难得的清官，没有人敢否定。这大概就是人们常说的：哑巴吃黄连——有苦说不出！

与众不同的只有一位真正的清官——淳安知县海瑞。在他接到鄢懋卿的公文之后，没有前去迎接，反倒派人送给鄢懋卿一封信。看到信的鄢懋卿顿时火冒三丈。原来海瑞在信上写道："我们淳安县是个小地方，没有办法接待大人您庞大的随从队伍，况且大人生性俭朴，要我们不能铺张浪费，那我就谨遵大人教诲，不去迎接您了，您还是换条路走吧！"

鄢懋卿早就对海瑞的正直清廉有所耳闻，且海瑞备受百姓尊崇，此信一来，确实被他的一身正气威慑到了，少有地开始惧怕起来，急忙叫随行人员改道，另走他路……

鄢懋卿所倚仗的严嵩，于嘉靖二十一年（1542）入阁，五年后成为内阁首辅，执掌政权将近二十年。后世把他列为明代六大奸臣之一，认为他一味地想着谄媚皇帝，为了窃取权力和利益不择手段。

与名垂青史的清官海瑞同朝为官的鄢懋卿却宛如一只披着羊皮的狼，一方面深受嘉靖帝的宠信，另一方面则结党营私、陷害同僚。严嵩、严世蕃父子及其党羽的嚣张跋扈、骄纵奢靡是被世人所唾弃的。

欧阳氏作为严世蕃的生母，治理家族有自己的一套规章制度，并且非常有效。看见丈夫严嵩如此贪心不足，被百姓所厌恶，她多次委婉地和丈夫说："相公，难道你不记得在钤山堂学习时清苦寂静的日子了吗？"

钤山堂是严嵩少年读书的学堂。严嵩取得进士之后，并没有得到显贵的任职与待遇，仍过着清苦的日子，只能用书籍来慰藉心灵。正因如此，严嵩写成《钤山堂集》，这本文集被许多知识分子传诵。

欧阳氏想用此告诫丈夫要不忘初心，坚持勤俭节约的美德。严嵩虽然也会自我愧疚，但是近墨者黑，他已经在仕途上沾染了奢靡骄纵的风气，就把妻子的次次劝告当耳旁风，全然不理。

欧阳氏见劝说丈夫失败，便去训斥儿子严世蕃。可是儿子随父亲，严世蕃也是左耳进右耳出，仍然大肆铺张浪费，征选美女，只是在母亲面前稍微有些顾忌，不敢如此放肆。

欧阳氏无可奈何，只能任由他们放肆下去……

严嵩备受明世宗的宠信。世宗潜心修道，传递旨意的时候常常用隐晦的语言，许多朝廷大臣无法参透他的意思。然而，严嵩却如鱼得水,加上儿子严世蕃的出谋划策,严嵩得以掌控朝廷的中枢机构长达二十年之久。

一天,世宗的住所万寿宫发生火灾,就连马车上的服饰器具都被烧成灰烬。皇帝只能暂时搬到面积狭小且所有建筑都很古旧的玉熙宫住。玉熙宫远远不及万寿宫,世宗十分不开心。

这时有一个大臣请世宗回宫城,可是世宗自从杨金英谋逆反叛迁出宫城后就不想再回去。严嵩请世宗迁居皇城中的小南城,小南城是英宗幽居的地方。然而,世宗天生就忌讳很多,对细枝末节的东西特别谨慎,看了严嵩呈上来的奏章,非常愤怒。可能是因为盛极必衰,严嵩的霉运也到来了……

当时的吏部尚书徐阶升官为大学士,与工部尚书雷礼一起请奏重建宫殿。世宗特别开心,就让他们马上开始。尚宝丞徐阶之子徐璠兼任工部主事,奉命督促建造工程,在百日之内就完成了宫殿的重造。世宗心里获得一些宽慰,当天就搬过去住了。

从此以后,凡是国家大事,世宗大多咨询徐阶,关于道教符箓文化这类事才会问严嵩。谏官看严嵩已经失宠,就想趁此机会扳倒这个专政的大奸臣,御史邹应龙最为积极。

邹应龙在准备写奏章上疏的时候,想到之前弹劾严嵩的人的下场都不好,顿时心灰意冷,身体也乏累起来,无法下笔……

忽然听到马夫进来:"马已经准备好了,请大人出去狩猎。"邹应龙不由自主地起身出去。果然有一匹骏马,他纵身腾跃上去。马夫将弓箭奉给他,他放开缰绳,纵马奔腾。

走了几里路之后,他发现都是不熟悉的路,有些惊慌失措,突然看见前面有一座大山挡住去路，山上没有动物，只有巨大的石头，似乎要抓住他。他立马拿出弓箭射向那块怪石，可是射了三箭都没有射中，不由得慌乱起来。

突然听到从东方传来的喜鹊叫声，他回头一看，发现丛林后面有座楼台，往那边射出一箭，那座大楼突然崩倒，那座大山也不见了……

恍惚之间，他发现自己还在书房，原来是一场梦境。追忆梦境，他突然顿悟：想要射大山，不如先射东楼，东楼倒了，大山自然就崩裂了。他马上提笔，将严世蕃的种种骄纵奢靡写在奏章上，并说严嵩拥有君王的厚恩，不去想着回报，反而利用权力溺爱儿子，纵容儿子在天子脚下肆意搜刮钱财、广置田地和大肆奢靡，应当告老还乡。

世宗看了奏章之后，就召入大学士徐阶商议。徐阶说："严氏父子，罪恶显著，陛下应当立即决断，以免留下后患。"

世宗点头同意，便下令让严嵩辞官返乡养老，严世蕃则被流放雷州。然而，严世蕃不想去雷州戍守，便半路偷偷地折返回家。虽然严嵩看着儿子回来了很开心，却不免担忧，但世蕃不以为然。

话说严世蕃偷偷回来，还带回来一些亡命徒。官府自然不敢得罪，只能任由他放肆。严世蕃看到这番情景，胆子越发大了，召集数千个工匠，大兴土木，建造私宅、园林、亭子。人人经过，都能看见豪华的门庭。数百个工匠一起搬砖运木，十分忙碌。还有四五个穿着狐裘貂袖的监工，对工匠颐指气使。

盛极必衰

蔡公曰 严氏之被谴，何一不由自取？于阶固无尤焉。嵩以青词得幸，骤跻显位，柄政至二十余年，无功于国，专事殃民，而其子世蕃，贪黩尤过乃父，放利而行，怨愈丛，祸愈速，安得不倾？安得不亡？况逃戍所，豢恶客，劫还贿银，嵩之所不敢为者，而世蕃独为之。死已临头，犹且大肆，此而不遭覆殁，天下尚有是非乎？至于豪奴走狗，凌辱推官，恃势行凶，更不足道，然亦未始非严嵩父子之所酿成。有悍主乃有悍仆，敢告当世，毋挟强以取祸焉。

戚继光抗倭

严世蕃大兴土木建造庭院的时候，恰好袁州推官郭谏臣奉命办公差路过严嵩的府院，看见如此大的场面，便问随从："这不是严相的旧宅吗？"随从答道："是。"

郭谏臣就想进去看看里面的情景，却不料被工地上的人呵斥道："监工重地，闲杂人，不能擅自进入，快出去！"这时郭谏臣的随从立马上前和那个人说："我家主人是本州推官。"话还没有说完，那个人再次瞪着眼说道："什么推官不推官的，谁都不能进去！"

有一些谨慎的人提醒那人："对待官府部门的人，应当尊敬一点儿，不要这么放肆怠慢。"那人仗着自己是严府中人，说："京城的科道官伺候我家主人进出门的时候，我都要骂他们几声，谁敢反抗我？小小的一个推官，怕他干什么？"

一群工匠看着郭谏臣踉踉跄跄地出去，大声讥笑他，还随手捡起瓦片碎石，不断地朝他扔过去，十分放肆。

郭谏臣备受凌辱，久久不能咽下这口气，气愤至极，就将严氏的种种罪状罗列出来，上呈给南京御史林润。恰巧林润巡视长江上的军事防御，就与郭谏臣见了一面。谏臣又当着林润的面，将始末重新叙述一遍，严氏一桩桩罪恶的事情都被列举出来了。

林润给皇帝上疏说："我在长江巡视的时候，了解到那些在江上抢劫的盗贼都躲到了严嵩幕客罗龙文、严嵩儿子严世蕃的家里。罗龙文在深山里建造房屋，乘坐大夫的车子，穿着绣有蟒蛇的衣服，推举严世蕃为王。严世蕃自从获罪被贬之后，更加放肆顽劣，日日夜夜都和罗龙文诽谤朝廷政事，以此动摇人心。这段时间，他打着建造大宅子的名号，聚集了足足四千人，道路拥挤。他们气势庞大，以防不测，请求陛下动用刑法，断绝祸患的根本！"

明世宗看完奏章后，异常愤怒，立马派林润将严世蕃抓捕入京问罪。

林润奉旨亲赴九江抓捕严世蕃，并且发布征讨的文书，让徽州推官栗祁前去缉拿罗龙文。林润与郭谏臣接洽好之后，郭谏臣调动监司先将严府聚集的四千名工匠遣散，随后将严府围堵住。此时在徽州的罗龙文听到缉捕消息，急忙逃到严府，没想到严府已经被围得水泄不通，他反倒是自投罗网了。严世蕃本就没有军队兵甲，工匠也被遣散，无可奈何，只能束手就擒。

林润将严氏的罪恶通告给袁州官府之后，再次上奏弹劾严嵩父子，陈述严世蕃半路逃回家后骄纵奢靡、聚众招士、大兴土木、抢掠钱财和包藏祸心等罪名，又说严嵩必然知道这些事情，却纵容庇护他。

严世蕃、罗龙文被押入京下狱后，世宗看到奏章自然动怒了，令法司严审。此时在狱中的严世蕃反倒神情自若，以为凭借杨、沈两案扳不倒严氏，因为这两案最后下旨的是明世宗，明世宗以此定罪也就是承认自己做错了事。这自然是不可能的。他甚至认为不久就可以出狱，于是与罗龙文畅饮谈笑，却不知礼部尚书徐阶是以勾结倭寇为由弹劾他们，既未惹怒世宗，又扳倒了严氏。严世蕃被斩，严嵩最终被饿死。

严嵩死后，作为严党的胡宗宪心里极其不安，又看见倭寇未被平定，害怕被申斥，就将好不容易得到的两只白鹿送给世宗，又叫门下幕僚徐文长附上奏章，极力宣称皇帝的德行感通上天，以说明上呈仙鹿的原因。

世宗很开心，当即授胡宗宪为兵部尚书，兼任节制巡抚。此后，胡宗宪在有才之士徐文长的帮助下，多次把奇珍异宝献给世宗，世宗越发喜欢他。胡宗宪的官职越来越大，地位越来越高，他也十分有胆略，从不畏缩，与倭寇战了十多次，每次都取得了胜利。

胡宗宪节制东南后，闽、广所有的军务都归他调遣。但有大臣来拜见他时，从偏门进入并且向他跪拜，他从不推辞，坦然接受，稍有违逆他的意思，就会被斥责。许多朝臣心生不满。自从严氏衰落，朝臣就想将严党铲除干净，纷纷找胡宗宪的过错上奏。他虽然战功赫赫，但终究逃不过严党这两个字。

嘉靖四十一年（1562），朝中大臣接连不断地呈上奏章，弹劾胡宗宪是严氏余党，应当卸下他的职位，让他回乡种田。世宗终于下诏召见他，将他逮捕到京城。胡宗宪心想必死无疑，就服毒自杀了。

胡宗宪死后，倭寇更加猖狂，竟然进入福建兴化府掠夺一空，并且放火将其烧毁。自从倭寇践踏东南以来，当地沿海各州县的治所经常被劫掠，但之前没有发生过府级治所被攻破的事情。如今，兴化府作为一个富庶的郡地被攻陷，自然引起恐慌。

幸好有一位应运而生的名将为国效劳，破除敌寇，最终平定东南，他就是戚继光。戚继光世袭登州卫都指挥佥事，最初在胡宗宪手下任职参将。他自创兵法，不断取得胜利。

闽地边患越来越紧迫，只能暂且调浙江义乌兵前往救援，由戚继光统一调配。明世宗重新启用遭遇父母之丧的参知政事谭纶、都督刘显和总兵俞大猷，共同援助兴化。

刘显从广东出发赴援，部队不到七百人，他害怕敌寇人数众多，不敢贸然进城，只能在离城三十里的地方隔着江驻扎下来。俞大猷被胡宗宪弹劾过，被贬去戍守大同，现在才复官南下，所组军队较为仓促，同样不敢贸然行动，只能先观察，等待戚继光来会合。

倭寇占据兴化城多月，奸污妇女、抢夺钱财，无恶不作。之后，又占据平海卫，总指挥欧阳深不幸战死。

朝廷听闻这件事，令谭纶立刻收复平海卫。恰逢戚继光带领义乌军到达，于是谭纶令戚继光为将领，让刘显率军从左、大猷率军从右，一起进攻平海卫。

倭寇立即出来迎战，第一路就遇到了戚继光，打算冲过去对抗，却不承想戚家军的鼓声、号角声突然响起，每支军队都拿着竹筒喷射出无数石灰，顿时白茫茫一片，遮挡住了视线，一时间竟连东南西北都认不清了。倭军正在擦眼睛，戚家军拿着长枪似的狼筅随手扫荡，将倭军打得头破血流、东倒西歪。

狼筅是戚继光自创的兵器。它是将毛竹削去旁支干叶，四面削尖，与狼牙棒相似，比刀还锋利。倭军从未见过如此兵器，顿时手足无措，四处逃窜,但左、右两边分别有刘显、俞大猷的军队拦截斩杀。随后,戚继光带领军队,将余下的倭寇尽数杀死,很快平定了平海卫,转而进攻兴化,留守在兴化的倭兵纷纷逃走。

> 仗打得好还得家伙妙。

这场厮杀,斩杀了两千多名贼寇,救回了三千名百姓。

戚继光抗倭

蔡公曰 严世蕃贪婪狡诈,几达极点,而偏遇一徐阶,层层窥破,着着防备,竟致世蕃授首,如庞涓之遇孙膑,周瑜之遇诸葛孔明,虽有谲谋,无从逃避,看似世蕃之不幸,实则贪诈小人,必有此日。不然,人何乐为正直而不为贪诈乎?严氏党与,多非善类,惟胡宗宪智勇深沉,力捍寇患,不可谓非专阃材,乃以趋附严、赵,终至身败名裂。一失足成千古恨,有识者应为宗宪慨矣。

带棺上疏

明世宗朱厚熜在位的中后期,其长生不老的愿望越来越强烈。他迷信道教,热衷丹药、制丹书籍、斋醮科仪等。进献丹药、相关书籍,或是祈福以祛除不祥的官员都被世宗提拔或信任,因此而平步青云的道士也不少,如蓝田玉、王金、邵仲文等。

但是真正的忠臣却屡屡被迫害。大臣杨最曾因劝说皇帝勿迷信道教而被杖罚致死。此后,朝廷百官缄默不语,没有人敢再上疏进谏。明世宗执政前期的政治清明不复存在,取而代之的是许多不学无术的奸臣扰乱朝纲。

随着明世宗年岁增长,加上长期服食剧毒丹药,他的四肢麻木,脸色灰暗,走路摇摇晃晃,甚至连说话都变得相当困难。一直以来深得皇帝信任的徐阶得知后,非常担忧君主的身体状况,便下令诛杀曾向世宗提供丹药的方士蓝田玉等人,并且十分诚恳地劝皇帝不要再服用丹药了。

然而,明世宗已然走火入魔,仍然我行我素。一段时间后,方士王金等人将伪造的《诸品仙方》《养老新书》,以及自制的"长生妙药"进献给世宗。世宗服用后感到头晕目眩,此后便一直卧床休养。然而

带棺上疏

即便是这样,世宗仍然信奉道教,执迷不悟。

> 不问苍生问鬼神!

海瑞深知无人进谏的后果,刚正不阿的他决定犯颜直谏。但是,为官多年的海瑞了解明世宗的脾性与作风,清楚地知道奏折送到皇帝面前之后,自己一定难逃一劫。因此,海瑞先在棺材铺里买好了棺材,又将家人托付给一个朋友。完成这些之后,海瑞才向世宗呈上《治安疏》。

这份奏章直言不讳地指责世宗迷信道教的行为,并指出皇帝的错误行为致使朝政黑暗混乱、吏贪将弱、民不聊生，甚至讽刺世宗的年号"嘉靖"为"家净"意味着各家各户都一穷二白，无财可用。作为一位胸怀天下的官员，海瑞在《治安疏》中也提出了革除弊病的建议，希望能够被君主采纳。

即便《治安疏》言辞恳切，没有夸大其词、危言耸听，处处都符合事实，明世宗看了之后仍旧勃然大怒。世宗将奏章扔在地上，对侍从说："快去逮捕海瑞，不要让他逃脱了！"

大臣们见皇帝动怒，没有人敢上前帮忠心耿耿的海瑞辩护。此时，一直以来都听闻海瑞清廉刚正的太监黄锦对世宗说："据说海瑞知道自己必定触怒您，在上疏之前就买了一副棺材放在家里，并且正在家中等待朝廷将他捉拿治罪。"

要知道，明世宗虽然严格管理宦官，但是黄锦在世宗很小时便服侍他，黄锦的言行举止一直都合乎礼仪，因此世宗非常信任黄锦。听了黄锦的话后，明世宗沉默不语。他把《治安疏》反反复复地读了很多遍，并且将这份奏章放在身边数月之久，海瑞因此平安无事。

但是，这件事情并未结束。过了几个月，明世宗生病了，召见内阁首辅徐阶，并与之谈论禅让皇位一事。谁知，世宗突然想起《治安疏》中所言的内容，下令逮捕海瑞，并把他关押在狱中。

审讯海瑞得到的狱词被呈送给皇帝后，世宗也没有下令公布。在此期间，徐阶一直着力营救海瑞。有人建议对海瑞施以绞刑，也被徐阶和刑部尚书黄光升压了下去。

海瑞入狱后不久，明世宗便因病逝世了，但海瑞并不知道这件事。分管刑部监狱的官员得知世宗驾崩的消息后，认为海瑞前途无量，便置办酒菜款待他。仍旧一无所知的海瑞以为自己死期将至，于是不管不顾地大吃大喝起来。见海瑞仍然没有明白自己的用意，款待他的那位官员只好悄悄地对海瑞说："皇帝已经驾崩，您一定可以出狱并且受到重用的。"海瑞听见后，痛哭不止，晕倒在地。

第二天，裕王朱载垕即位，史称明穆宗。根据明世宗的遗诏，穆宗赦免了以海瑞为代表的曾犯颜直谏的大臣。海瑞被释放出狱后，先在原先的岗位工作了一段时间，后来便一路升官。

> **蔡公曰**
>
> 语云："服食求神仙，多为药所误。"世宗致死之由，即伏于此。夫辟谷为隐者之寓言，炼丹系方士之伪论，天下宁真有长生不老之术耶？况乎年将耳顺，犹逼幸尚美人，色欲熏心，尚望延寿，是不啻航舟绝港，而反欲通海，多见其不自量也。迨元气日涸，又服金石燥烈之剂，至于目眩神迷，白昼见鬼，且命蓝田玉等为之祈禳，至死不悟，世宗有焉。海瑞一疏，抉发靡遗，可作当头棒喝，而世宗乃目为诟詈，微内监黄锦，及大学士徐阶，几乎不随杨、沈诸人，同归地下乎？

高拱与张居正的明争暗斗

　　穆宗在位期间,听从徐阶的话,尽力革除前朝弊政,广开言路,一切政令非常简洁。宫廷内外跟着节俭,举国上下戒奢极简,每年省下来不少银子。后来,辅政大臣高拱和张居正各自成派,互相倾轧,门户渐开,腐败之风渐长。

　　起初,高拱和张居正是莫逆之交,同心同德,尽心辅佐穆宗,后来因为意见相左,渐渐有了隔阂。高拱开始举荐礼部尚书高仪入阁办事,想培植自己的党羽,以排挤张居正。张居正也不甘示弱,不断培养门生。

　　隆庆六年(1572)闰三月,穆宗忽然病倒。两个月后,他觉得身体好转,就上殿临朝。不料刚刚登上御座,他就头晕目眩,眼前发黑。幸好两旁有侍卫,左右搀扶,将他送回后宫。穆宗这才觉得自己没有多少时间了,就将高拱、张居正找来,嘱咐后事。

　　二人走到床前,穆宗只握着高拱的右手,说了很多话。张居正在一旁跪着,穆宗连正眼都没有看一下。当晚,二人就住在乾清门。穆宗半夜病情加重,任高拱、张居正以及高仪为顾命大臣,接着便驾崩了,享年三十六岁。

高拱与张居正的明争暗斗

穆宗去世后,李贵妃的儿子朱翊钧即位,当时他才十岁,是为神宗,改下一年为万历元年。

那时候有个叫冯保的太监,在宫中侍奉已久,很有权力。这次本来应该轮他掌司礼监,偏偏高拱举荐陈洪和孟冲,冯保于是心生怨恨。正巧张居正和他交往密切。穆宗病重时,张居正处理的十几件事,都用密书通知冯保。穆宗驾崩后,冯保假传遗诏,自称与内阁大臣等人一同顾命。后来神宗登基,百官朝贺,冯保竟然站在御座旁边,昂然自得,令满朝文武惊愕不已。之后,冯保奉旨掌管司礼监,又总督东厂事务,权力越来越大。

高拱上疏参劾冯保。冯保听说后担心极了,马上赶到李贵妃的宫里,拼命磕头。李贵妃问了他四五次,他才流着泪说:"奴才被高阁老陷害,就要被贬斥了。高阁老不想让奴才掌司礼监,所以唆使言官陷害奴才。奴才死不足惜,只是奴才是奉皇上特旨掌管司礼监的,高阁老怎么能擅自变更呢?奴才不能侍奉太后和皇上,所以才在这里哭泣,还请太后做主,保全奴才的小命!"说到这里,他连磕几个响头。李贵妃生气道:"高拱虽然是先皇的辅臣,毕竟是个臣子,怎么这么专横?"冯保又说:"高拱专横跋扈,满朝皆知,只因他势力很大,众臣才不敢弹劾,还请太后留意!"李贵妃点头道:"你退下去吧,我自有办法。"冯保含泪而去。第二天,群臣入宫静听两宫特旨。高拱欣然而入,满以为定会把冯保扳下去。谁知诏旨不是贬斥冯太监,而是贬斥他高大学士。

高拱入朝听旨,宣旨的太监正是新掌司礼监的冯保。高拱跪在下面,气得七窍生烟。那时情不能忍,可又不敢不忍,险些晕了过去。

宣诏完毕后，各位大臣陆续起身，只有高拱还匍匐在那里，张居正赶紧走过去将他扶起来。高拱勉强起身，狼狈而出。回到京中的寓所之后，高拱匆匆收拾行李，雇了一辆牛车，离开都城。张居正与高仪给皇帝上疏请求朝廷将他留下来，然朝旨不许。没过多久，高仪就死了。假公济私的张居正，自然而然地成为首辅。

张居正受到太后嘱托，一心想着整肃朝纲，以不负众望。于是请开经筵，议定三、六、九日视朝，其他时间都在文华殿讲读。神宗很喜欢听这些东西，还赏赐了张居正。皇恩浩荡，张居正一时可谓风光无限。

这年元宵节的第二天一早，神宗刚刚走出乾清宫，突然看见一个男子神色仓皇，从甬道上急急忙忙走来，冒犯到了神宗。侍卫立即将他拿下，押到东厂，让司礼监冯保审讯。

男子自称姓王名大臣，是总兵戚继光的部下。冯保问完之后，将他收押，就去通报张居正，并递上供词。张居正看了供状，就让冯保借这个罪犯陷害高拱。冯保大喜，称谢而去。回家之后，他找到一个叫辛儒的打扫茅厕的下人，授予他密计，让他去教王大臣。

冯保复审王大臣的时候，王大臣一口咬定是高拱派来的。冯保也不细问，便让辛儒送他回去，并给了王大臣一件蟒衣、两柄刀剑，告诉他如果再次审讯，就说这是高拱所赠。

没想到，这件事闹得满朝皆知，外面的人议论纷纷。张居正心中忐忑不安，后来又被吏部尚书杨博、左都御史葛守礼一同规劝，希望他主持正义，保全朝廷的元气。

张居正无可奈何，送走二人，入宫担保高拱无罪，请求特别委派清廉的大臣，彻底查究。神宗于是命令都督朱希孝、左都御史葛守礼以及冯保会审王大臣。

在朱希孝的一番审查之后，王大臣被严刑拷打，才将实情和盘托出，冯保被他的一番话说得无地自容。冯保踉跄而归，暗想如果王大臣再多说什么，自己的性命恐怕就要丢了，就派心腹潜入大狱，将王大臣毒哑。

后来，刑部把王大臣处斩，免去一切株连。一番大风大浪后，高拱从此闭门谢客，不问世事。

万历六年（1578），高拱因病逝世。张居正奏请给高拱官复原职，冯保却余恨未消，请太后将抚恤减半，在给高拱的祭文中仍含贬词。后来追念遗功，高拱才被追封拱太师，赐谥号文襄。

> **蔡公曰** 冯保一小人耳，小人行事，阴贼险狠，固不足责。张居正称救时良相，乃与内监相毗，倾害高拱，彼无不共戴天之仇，竟思戮高氏躯，赤高氏族，何其忮刻若此耶？

张居正的万历新政

张居正把持朝政的时候，为了挽救明王朝，缓和社会矛盾，扭转政治腐败、国库空虚的状况，在军事、政治、经济等方面进行了一系列的改革，即万历新政，又称张居正改革。

张居正考核官吏的作风和成绩，呈报文书奏章劝诫皇帝，查核既定的法律和制定内外朝官员的用人制度。在他的有效整治下，百官都奉公守法。

甚至两宫的太后，都对张居正委以重任，并且尊称他为先生。如果皇帝有违抗怠慢的行为，张居正也可以斥责他。张居正每天侍奉在皇帝身边讲论经史，即使是音注、音释，也都会一一指正，不容许有错误。

张居正在内阁当差办事的时候，觉得事务繁重，就向皇帝举荐礼部尚书张四维。张四维曾不间断地馈赠过张居正。张四维格外谦虚恭敬，不敢和张居正互称同僚，似乎有上下等级之分。他平常也不上奏，只是跟着张居正进宫拜受赐教。

张四维进入内阁后，万士和填补了礼部尚书这个空缺。万士和开始入朝为官的官职是庶吉士，因违逆了严嵩，迁为部曹，后来接连升迁，成为按察使、布政使。他品行高尚，升任尚书之后，频繁上奏。

张居正非常憎恨他的这种行为。恰逢张居正想给朱希忠越级的爵位，但万士和坚决反对。给事中余懋学上奏请求对万士和从宽处理，张居正斥责他诽谤，将他革职。万士和又上奏说余懋学忠心刚直，不应该压制他，这阻碍了进言的路。种种都忤逆了张居正的意思。张居正就让给事中朱南雍上奏弹劾万士和，万士和最后以养病为借口辞官回乡。

当时蓟州总兵戚继光击败了朵颜部首领董狐狸，生擒了董狐狸的弟弟长秃。董狐狸愿意投降，但条件是必须先把他弟弟放了。戚继光答应了，而后开始商酌每年的贡市，同时让巡按辽东御史刘台回京报捷。

张居正以巡按不能报军功为由弹劾刘台。刘台也向皇帝上奏弹劾张居正，说他妄自尊大，滥用职权，如驱逐大学士高拱，私自赠予国公朱希忠王爵，将张四维引为爪牙，排斥万士和、余懋学等人，这些都是欺骗君主的徇私行为，应当下旨处罚他。

张居正入阁之后从来没有遇到过这种弹劾奏章，勃然大怒，当即就要上书请求归乡。

神宗急忙召问张居正。张居正声泪俱下，反倒脱离危险，而刘台被贬戍边，最后死在边地。

万历五年（1577），张居正的父亲去世了，报丧的信传到京城。神宗亲笔写下安抚的话，并让中使给他家送去格外加厚的丧礼，唯独没有下诏让他留下来就职治事。

当时的李幼孜已经升任为户部侍郎，想讨好、奉承张居正，首先提出让张居正保留职位，穿素服居家办公。冯保平常与张居正关系十分好，也希望他留在朝中，暗暗帮助他。张居正怕自己退职之后会被人陷害，因此偷偷让吏部尚书张瀚上奏让他留职，但是张翰拒绝了。然而，那些趋炎附势的官员陆续上奏请求让张居正留任首辅。最后，张居正如愿以偿。

但没过多久，张居正就因重病去世。神宗悲伤至极，封他为上柱国，赐谥号文忠。

张居正病逝后，冯保孤立无援，恰逢东宫旧阉张鲸曾被冯保放逐，怀恨在心，便将冯保的种种恶行以及其与张居正勾结之事告诉了皇帝。皇帝本来就不喜欢冯保的骄纵，一经挑拨，便将他下狱。言官李直列出他的十二项罪名，都是平常神宗敢怒不敢言的。最后，冯保被贬为南京奉御，从此失势。

之前在朝中备受张居正压制的大臣自然不会放过张居正，他们一起指责张居正，将他的种种恶行悉数告知神宗。最后，神宗下旨夺回上柱国的封典和赐予的谥号，已死的张居正也被抄了家。

> **蔡公曰** 居正当国十年，亦非全无功绩，前则赏过于功，后则罚甚于罪，凉薄寡恩四字，可为神宗一生定评，惟居正之得遇宠荣，为明代冠，而身后且若是，富贵功名，无非泡影，一经借鉴，而世之热中干进者可以返矣。

立储风波

万历十四年（1586）正月，郑妃生下一个儿子，取名朱常洵，神宗立即晋封郑妃为贵妃。

大学士申时行等人认为，皇长子朱常洛已经五岁，生母恭妃却始终没有加封，郑妃刚刚生了皇子就被册封，足见郑妃专宠，将来一定会有废长立幼的事情，于是上疏请神宗册立东宫。

神宗看完后并没有册立东宫，只是批旨再等两三年册立也不迟，但大臣们却不断上疏抗奏，惹得神宗恼怒，贬罚了一众因请求立储而上奏的官员。

即便如此，也没有平息大臣们的激愤，言官们还是你上一疏，我奏一本，指斥宫闱，攻击朝政。神宗一概不理，所有臣工的奏折都被扔掉。

另一边，郑贵妃备受恩宠，又生了一个麟儿，所以满心希望儿子能做太子，以后自己就可以做太后。于是，她常常在枕席间要求神宗立常洵为太子。神宗含糊答应，等出了西宫，想到废长立幼不免又要引起大臣的争执，因此左右为难，只好将立储的事情暂时搁起。

偏偏礼科都给事等人接连请求立储。神宗不厌其烦，只看不批。

一天，神宗侍奉李太后进膳，李太后问他为何不立皇长子，神宗回答说觉得皇长子的身份卑贱，是宫人的儿子，不想册立。李太后听后大怒，原来李太后也是由宫人得宠，于是扔了筷子起身。神宗慌忙跪下，直到太后怒气全消，才站立起来。

万历十八年（1590）正月，皇长子已经九岁。神宗亲临毓德宫，召见申时行、许国、王锡爵、王家屏等人商议立储的事情，还召皇长子、皇三子依次前来。大臣们看着皇长子龙姿凤态，仪表非凡，如今已经九岁，还是觉得该早点册立太子。神宗总算有些动摇。

没想到郑贵妃得知，对着神宗又是撒娇又是嗔怪，弄得神宗无可奈何，只好与她一同来到大高元殿，在神明面前发下密誓，约定将来一定立常洵为太子。他还亲笔写下誓言，封在玉盒中，交给郑贵妃。如此一来，郑贵妃越发尽力奉承。神宗整天住在西宫，沉迷于酒色，更是借口圣体违和不上早朝。

后来，吏部尚书宋纁、礼部尚书于慎行等人率领群臣联名请求立储，都被严厉指责，并免了俸禄。没过多久，申时行等人再次上疏请神宗册立东宫，圣旨说等明年春天举行。但到了万历十九年（1591）冬季，工部主事张有德请求预备建储仪式，又被神宗训斥，夺去俸禄以示惩罚。

后来，神宗终于有了立储的意思。这边郑贵妃又带着密誓哭得梨花带雨，神宗只好遵照与她的誓约，不从阁议。

一下子宫中大臣纷纷抗议。申时行看着皇上的脸色，顺风使舵。神宗便将这些上奏的官员一律免官，申时行迫于舆论，只好请求辞官。

万历二十年（1592），礼科给事中李献可见宫中没有立储的消息，特请神宗让皇长子读书。不料忙中出错，在奏折里误写了弘治年号，被神宗发现，将他贬职外调。王家屏、孟养浩等人上疏营救，神宗杖责孟养浩，革去其官职，其他人一概贬斥。吏部郎中顾宪成、章嘉桢等人上疏。神宗又恨他们多言，革去顾宪成的官职，贬章嘉桢为罗定州州判。

顾宪成和高攀龙、钱一本、薛敷教、史孟麟、于孔兼等人一起在东林书院讲学，讽议时政、评价人物，朝中大臣也遥相呼应。后来，他们被称为东林党，与大明江山同归于尽。

万历二十一年（1593），王锡爵入朝，密请建立东宫。神宗还是想拖着不立，最后在王锡爵的请求下，只好命皇长子出阁讲学，辅臣轮流侍班，一切都仿照东宫的惯例。

一年后，神宗更加深居简出，拒绝纳谏。天灾人患纷至沓来，神宗却全然不知，只是派中官四处开矿，却没有结果，于是便勒索百姓以偿费用。

立储大事，始终没有定下来。郑贵妃依旧专宠，王皇后仍然体弱多病。

到了万历二十八年（1600），皇长子常洛已年近二十。大臣们请求先册立储君，再行婚嫁之礼，神宗仍旧不理不睬。

过了一年，阁臣沈一贯一再坚持册立储君，势在必行。就在神宗迟疑的时候，郑贵妃又拿出当年的玉盒为证。神宗拿过玉盒，才发现誓书竟被蛀虫咬得全是破洞，还偏偏把常洵两个字，咬得一笔不留。

神宗觉得是天命如此，于是任郑贵妃撒泼，大踏步走出西宫，召来沈一贯，立常洛为皇太子。过了一晚，神宗准备更改册立日期，沈一贯封还谕旨，一再申明不可，终于在万历二十九年（1601）十月十五，举行了立储典礼。

> **蔡公曰** 立嫡，古礼也。无嫡则立长，此亦礼制之常经。神宗溺于郑贵妃，乃欲舍长立幼，廷臣争之，是矣，但必谓储位一定，即有以固国本，亦未必尽然。兄挚废而弟尧立，后世尝颂尧为圣人，不闻其有背兄之恶玷。然则择贤而嗣，利社稷而奠人民，尤为善策，宁必拘于立长耶？惟典学亲师，最关重大，士庶人之子，未有年逾幼学而尚未就傅者，况皇子耶？廷臣争请立储，致忤帝意，甚至豫教元子之请，亦遭驳斥，神宗固不为无失，而大臣之不善调护，徒争意气，亦未始不足疵也。至于东林讲学，朝野景从，处士横议，党祸旋兴，汉、唐末造，类中此弊，明岂独能免祸乎？

三案（上）

朱常洛被立为太子之后住在慈宁宫。一天，宫内忽然闯进来一个汉子，手持棍棒，见人就打。内监韩本眼疾手快，与众人合力捉住此人。指挥使朱雄将此人收监询问。第二日，太子将此事上奏，皇上震怒，命御史刘廷元秉公审讯。刘廷元当堂审问罪犯后得知，此人为蓟州人，名叫张差，但是精神恍惚，说话颠三倒四，审讯不出其他内容，所说姓名、籍贯也无从考证。刘廷元见此案如此难断，于是退堂奏请派人另审。

朝廷重新派人复审。张差此时供词又有所改变，称自己的柴草被别人恶意烧毁，自己投告无门，气愤难忍，于是报官，但是对京城并不熟悉，来到京城后迷了路，有人跟他指明方向又给了他一根木棍，说只要拿着这个就可以伸冤。他听信了这人的话，但是自己一时疯魔，竟不知闯入宫中打伤侍卫，被抓住清醒过来时自己已经在这里了。再审的官员不知道如何决断，只好按照刘廷元的奏折再次上奏。

当时内阁大臣再三商议，准备按照宫中从前的案例斩首示众，谁知道奏折刚上奏，下面就有人回禀说得到了新的线索。原来是牢狱主事见此案难断，深觉背后另有隐情，于是趁着送饭菜的时候，晓之以情，动之以礼，才从张差口中听到另一套说辞，说自己名叫张五儿，父亲叫张义，已经病故，仅有的两个亲戚前几日让他听从一位老太监的吩咐，说是只要听话，事成之后就有丰厚的回报，他信以为真，思考了一下决定照实去做，没想到自己被抓住后非但没有像那位老太监说的那样有人来解救，竟然连性命都快不保了，何谈报酬。牢狱主事深知此事跟后宫脱不了关系，得了新的线索自然快快上报。大臣们知道此事后，思索片刻，觉得张差此人非但不疯癫，甚至有几分聪明，说出几分实情又隐瞒了那两位亲戚的所在之处，于是立即奏请皇帝，希望皇帝亲自审问，将此案调查个水落石出。谁知皇帝如若未闻，此案拖延许久。

后来，大臣们见皇帝没有反应，就让人前往张差老家了解实情，又是另一番结果。原来郑贵妃派手下内监前往蓟州建造佛寺，需要柴火烧制瓷器，当地人就想卖点柴火补贴家用，张差也想效仿，于是将地卖掉了换成柴火想大赚一笔，结果被人嫉妒，一把火烧了个干净。

张差前去跟太监诉苦，太监不理会，他就想上京告御状，没想到将这场闹剧搞得一发不可收拾。大臣们知道前因后果之后，都认为张差是个疯子，可以直接结案了，但是员外郎认为此事干系重大，之后还真的让他问出了更详细的证词。有了这份证词，他立即派人押解张差上路，还奏请张差与郑贵妃身边的人对峙。这下郑贵妃即便巧舌如簧，也无法顺利脱身，前朝大臣何士晋更是上奏直指郑国公。

明神宗看过奏折后觉得十分为难，立刻见了郑贵妃，希望她能够给一个合理的解释。郑贵妃看见明神宗满脸怒火，得知内情后吓得花容失色，止不住地哭泣，跪在明神宗面前边哭边说出实情。明神宗进退两难，于是让郑贵妃自己去跟太子求情。郑贵妃连忙面见太子，甚至下跪请求原谅。太子慌忙之下，只好答应不会株连郑贵妃。郑贵妃这才起身。明神宗知道儿子的态度后，更是携带一家老小前往前庭痛诉，说自己已经失去母亲，如此追究此案离间皇室亲情，责问大臣是不是想让自己再失去儿子，父子离心。太子也在一边附和，说此事惩罚张差就好，不必株连其他人。大臣见皇帝与太子一条心就不好多说什么，张差被处死后，相关人等一概流放或者一顿棍棒。后来，那些执拗上奏的大臣被一一贬官。

万历四十四年（1616），清太祖努尔哈赤起兵反明，辽东大震。

这时大学士方从哲保荐一位人才，说是可以平定辽东，他就是战

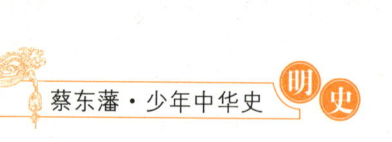

功累累的杨镐。明神宗当即启用杨镐，赐他尚方宝剑领兵出征，此时辽东战况不容乐观。他先是用尚方宝剑斩首了几名逃兵，又命令远近将士支援辽东，自己却按兵不动。

　　第二年开春，朝廷众人屡屡对杨镐施压，要求他速战速决，杨镐无奈只能出兵。他兵分四路准备开战，为助长士气，对外号称自己有雄兵四十多万，四路兵马相继围攻努尔哈赤部下。杨镐每日不研究作战方法，只是派人探听，一来二去，探听到的消息逐渐变得恐怖起来。于是，他终日惶恐、坐立不安，想要撤兵。正巧部下中了敌人诡计，后金士兵杀到前线，杨镐走投无路，没命似的奔向山海关。

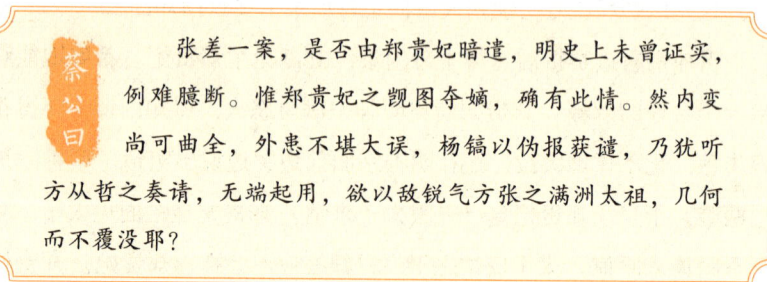

> **蔡公曰**　张差一案，是否由郑贵妃暗遣，明史上未曾证实，例难臆断。惟郑贵妃之觊图夺嫡，确有此情。然内变尚可曲全，外患不堪大误，杨镐以伪报获谴，乃犹听方从哲之奏请，无端起用，欲以敌锐气方张之满洲太祖，几何而不覆没耶？

三案（下）

杨镐在塞外全军覆没仓皇逃命的消息传到朝廷，朝廷上下风雨飘摇。杨镐立即被拿问，等待庭审。朝廷又派兵部侍郎治理辽东，赐尚方宝剑。熊廷弼奉命前去，没多久就得知山海关沦陷的消息，百姓们被战火荼毒纷纷南下逃命。他途中多次遇到难民，一律好言好语抚慰，到达前线后将逃兵就地正法，贪官就地斩杀，总兵因办事不力被他罢免。熊廷弼监督士兵造战车、制作火器，又疏通河道，加紧修缮城池，严密守备，谨防敌军再次侵袭。他又调集十八万兵马，分别驻扎在要塞，辽东有他镇守，可谓无懈可击。

明神宗此时仍深居后宫不问朝政，边境预警如雪花纷飞飞入他的案台，他置之不理，不肯临朝。大学士方从哲及吏部尚书等人多次上奏恳请，一律拒推，不闻不问。没过多久，王皇后病逝，神宗抑郁成疾竟然也病了，半个多月吃不下东西。朝廷诸臣得知消息后，劝说方从哲领头面见陛下。他犹豫许久最后答应，谁知却遇见太子，只好请求太子代为传召，谁知一等就是一天，还是没有见到明神宗。

明神宗过了几天，深感自己大限将至，于是支撑着身体来到前殿，嘱托大臣们好好辅佐新君。两天后，明神宗驾崩。遗诏中不仅说要发放一百万两银子补贴边关战备,还写明要惩罚监税太监,启用之前上奏被贬斥的官员。太子朱常洛继承大统,史称明光宗,年号泰昌,奉先帝为神宗。明神宗在位四十八年,是明朝诸多皇帝中在位最长的,但他是非不辨,黑白不分,奸贤混用,导致内忧外患不断,史学家将他称为祸国祸民的祸胎。

明光宗即位之后,内阁无人可用,于是他选人补缺,提携一干人等。他所提携之人中有一名沈尚书,此人心怀不轨,品行不端,魏进忠与刘朝即为他的弟子。沈尚书入阁之后,秘密与此二人相交。后来,魏进忠得势,闯出莫大祸端,以至于出现"八千女鬼乱朝纲"的传言。此传言就是在讽刺魏进忠的"魏"字。

郑贵妃依旧居住在侍奉先帝的乾清宫不肯离开,她担心明光宗无法冰释前嫌,于是朝思暮想,决定用美人计来消解明光宗的怒气。她选了八名姿态妖娆的美女,又让这八名美女穿上绫罗彩缎,手持无价珠宝,前去侍奉明光宗,希望他冰释前嫌。明光宗见此阵仗还记得什么不快,当即接受。除了这八位美女,还有两位李姓美人在前侍奉,一位被称为东李,一位被称为西李。郑贵妃笼络西李,与她如胶似漆,什么心事都同她一吐为快。

郑贵妃结交西李,其实是想做皇太后,这位西李也想一步登天做皇后。她们便想了个主意,让西李请求皇上册封。没想到皇上很愿意册封西李,却不愿意册封郑贵妃。郑贵妃焦灼万分,派西李一催再催。明光宗答应册立郑贵妃为皇太后,但没来得及宣布就病倒了,郑贵妃不管那么多,让光宗托着病体上朝,在百官面前立自己为皇太后。明光宗告诉方从哲这是先帝遗命后慌忙回宫养病,大臣们心生不满,不肯承认郑贵妃为皇太后。

> 封郑贵妃位为皇……皇太后！

郑贵妃看到大臣上奏依旧不肯罢休，请求明光宗亲自下诏。谁知道明光宗一病不起，越发虚弱，郑贵妃只好派人医治。前去治病的太医没有什么经验，将明光宗的病治得一塌糊涂，明光宗最后被折腾得气息奄奄。郑贵妃眼看闯出大祸，但不甘心就此罢休。明光宗服用春药过多，虚不受补。突然一天，他召见大臣说要立李选侍为皇贵妃，名正言顺地抚养皇长子。李选侍与皇长子交好，不满意晋封的名分，于是让皇长子奏请立自己为皇后。皇长子上奏，却被大臣驳斥，说长子年龄已大，实在不应再在宫中，被明光宗驳斥说改日再议。

这时鸿胪寺丞李可灼说有仙方可以治好皇帝的病，于是上疏启奏。皇帝听说后立马宣召。李可灼口若悬河，马上说出生病原因以及相应药方。明光宗以为自己不日就可以好起来，就让他出去制药，并且再次提及李选侍册封的问题，说李选侍身世可怜，只有一个女儿，并且让皇长子替她出面说话，要大臣们日后对皇长子多加照拂。嘱咐良多后，明光宗气喘不已，告诉大臣们自己已经准备好驾崩，如今就希望李可灼的药能有奇效。

> 真不知道是救命的还是催命的。

大臣们刚准备离宫，就看见李可灼捧着神药进宫了。不一会儿，大内传出消息，说皇上服药后气喘平息，有渐好的预兆。大臣们听后非常高兴，再次前往宫门问安，正巧碰见李可灼。李可灼满面红光，说皇上服用完药之后，身体舒畅，还加服了一丸，不日即将大好。

大臣们放心离去。没想到五更传出皇上病危的消息，大臣们来不及穿戴好就前往皇宫。宫中传出哀号声，原来是皇上在卯时驾崩了。

李可灼的药中有红铅、人参、鹿茸等，服下后人会觉得精神大好，但明光宗虚不受补，早已无力回天，自然会元气竭尽，虚脱而亡。大臣们无话可说，跪地哭泣。谁知道内监竟然出来阻拦大臣们哭泣，被大臣们痛斥后，自知理亏就退下了。

哭灵结束后，礼部尚书刘一燝四顾没有发现皇长子，四下询问后也没有得到消息。刘一燝四处寻找，得到消息说皇长子正在和李选侍在一起。他与王安料定李选侍有什么阴谋，就假借皇长子需要面见哭灵大臣的由头让李选侍放开皇长子，让王安双手搀扶着出了门。

李进忠（**魏忠贤原名魏四，进宫之后改名李进忠，出任秉笔太监后，改回本姓，并改名魏忠贤**）担心会出纰漏，于是暗中派小太监追回皇长子。小太监刚接近皇长子，就被杨涟大声呵斥，他这才无可奈何地悻悻离开。

两位大臣扶持皇长子来到文华殿受大臣们叩拜正式即位。原来李选侍想要挟持皇长子逼迫群臣封自己为皇后，谁知计划落空，被大臣们识破阴谋。御史左光斗上疏说李选侍德不配位，应立刻移宫。接着，御史王安舜痛斥李可灼误用猛药害死皇帝，应该严惩不贷。

移宫案、红丸案同时发生，朝中议论纷纷，史官将梃击案、移宫案、红丸案并称"三案"。

蔡公曰 光宗之昏淫，甚于神宗，即李选侍之蛊惑，亦甚于郑贵妃。郑贵妃专宠数十年，终神宗之世，不得为后。光宗甫经践祚，李选侍遽思册封，是所谓一蟹不如一蟹，每况而愈下者。然莫为之前，即无后起，有神宗之嬖郑贵妃，始有光宗之宠李选侍。是死光宗者实郑贵妃，而贵妃之致死光宗，尤实自神宗贻之。至如李选侍之求为皇后，以及挟皇长子，据乾清宫，皆阴承贵妃之教而来。不有杨、左，庸鄙如方从哲辈，能不为选侍所制乎？故君子创业垂统，必思可继，不惑声色，不殖货利，其所以为子孙法者，固深且远也。

客、魏祸乱朝纲

明熹宗时期，京中常年流传一首歌谣，其中一句是"委鬼当头立，茄花满地红"。这两句特指祸乱朝纲的客氏和魏忠贤，而客氏是明熹宗的乳母，原本是定兴县百姓的妻子，生下儿子侯国兴后便进宫哺育皇子，谁知道过了两年她的丈夫去世，她进宫时不过二九芳华，如今也才二十岁。客氏长得面若桃花，一副弱柳扶风的姿态。

司礼监王安有一个属下名为魏朝。此人性格圆滑，深得圣意，时常出入宫中，一来二去，见客氏貌美如花就动了不该有的心思，常常不顾身份与客氏打情骂俏。明熹宗逐渐长大，原本应该将客氏放出宫中，但明熹宗不舍乳娘，只好将她挂个闲职留在宫中。日子渐久，魏朝不满言语亲昵，想要得寸进尺。

谁知客氏对他十分鄙夷，魏朝不怒反笑，让客氏一辨真假，原来魏朝的身体竟然和寻常男子一样！客氏吓得花容失色，想要将他告发，却被魏朝强夺清白。后来，魏朝让客氏奏请与他对食。客氏奏请后，明熹宗考虑到这是人之常情，于是答应。从此，他们二人成了实质上的夫妻。

魏进忠与魏朝同姓，深受魏朝赏识，在魏朝的多次提拔下进宫伺候。魏进忠一开始名为尽忠，因好吃喝嫖赌，将家产败光，无力偿还，一气之下自宫，机缘巧合之下，得到魏朝的介绍，侍奉明熹宗的生母，并改名为魏进忠。

明熹宗探望生母的时候，见到此人忠心侍奉，心中颇为赞赏。母亲去世后，明熹宗就将魏进忠叫到自己身边伺候。

魏进忠乖巧聪慧，善于揣度圣意，不仅让能工巧匠制作玩具，还整天与客氏二人诱导熹宗贪图享乐。谁知明熹宗心无城府，轻信小人，将二人当作心腹，寸步不离。

明熹宗登基之后，给事中大臣经常参奏魏进忠，说他让皇上玩物丧志。魏进忠听说之后，去陛下面前诉苦痛哭，请求保护。魏朝为魏进忠上下打点，求那些参奏的大臣放过。后来，明熹宗为保住魏进忠，将他改名为魏忠贤，并授意他与魏朝结拜为兄弟。魏朝收到他的笼络，将宫中大小事全部吐露出来。魏忠贤趁魏朝不在与客氏调情，客氏见他相貌堂堂，就与他暗通款曲。客氏对魏忠贤的喜爱超过魏朝，魏朝不久就有觉察，于是与客氏争吵许久。魏忠贤因此与魏朝反目，一不做二不休，彻底霸占了客氏。

后来，魏忠贤害死了司礼监的王安，从此权倾朝野，炽手可热。

天启二年（1622），明熹宗册立张氏为皇后。一名前朝大臣见魏忠贤与客氏主持皇后婚事嚣张无比，又想为王安报仇，一时心急上奏弹劾魏忠贤，斥责客氏。谁知魏忠贤不仅没事，他自己却被明熹宗贬官，相关人等见此结局只好辞官。一时间，皇城上下只知魏忠贤，不知明熹宗。只要是魏忠贤想做的事情，明熹宗无不应允。

客、魏祸乱朝纲

客氏在后宫中更是横行霸道,不仅残害宠妃,谋害皇嗣,还屡屡假传圣旨满足自己的私欲。后宫嫔妃惨死她手的不尽其数。她在后宫中呼风唤雨,风光一时无人可及。

蔡公曰 魏忠贤与魏朝，同争客氏，明明是宫中丑史，稍有心肝之人主，应早动怒，一并摈逐，何物熹宗，反将客氏断与忠贤，坐令秽乱而不之防！吾恐桀、纣当日，亦未必昏迷至此。客、魏见熹宗易与，自然日肆诪张，忠贤阴狠，客氏淫凶，两人相毗，何事不可为，如斥正士，引匪类，尚意中事，甚至欲斩丧龙种，于已生之皇长子，则震死之，于怀妊之裕妃张氏，则勒死之，于张皇后已孕之儿胎，则堕死之。熹宗均不加察，仍日加信任，此而欲不亡国绝种得乎？

内忧外患

客氏与魏忠贤假传圣旨作乱多年,难道明熹宗一点儿都不知道吗?其实明熹宗知道,只是睁一只眼闭一只眼,不愿意计较罢了。大多时候下面的人禀报,明熹宗只专注于木刻手艺,一只耳朵进一只耳朵出,最后干脆都交给魏忠贤,自己两手一撒,研究玩乐去了。

魏忠贤就此开始拢权。他与客氏情投意合,为客氏在宫外安置了一座豪宅。客氏生性风流,与朝中大臣来往甚密,好多大臣成了她的裙下之臣。

客氏作为明熹宗的乳母,不仅有哺育之恩,更是做得一手好汤水,让明熹宗一日不食便十分思念,由此越发离不开客氏。

辽东有一名将叫熊廷弼,此人极善防守,他所守护的城池固若金汤,无人敢犯。只是熊廷弼刚正不阿,不肯趋炎附势,于是遭到魏忠贤痛恨。魏忠贤派心腹阅兵,故意为难熊廷弼。熊廷弼向来正直,不肯买账,魏忠贤的心腹回朝之后上奏污蔑熊廷弼。熊廷弼当即被罢官,由一名胸无点墨的人前往接手熊廷弼的管辖权。此人是一名儒将,将熊廷弼的方略取消大半,还招降难民。他招降的难民都是后金女真人氏,后来变成内应。敌军占据沈阳后直逼辽阳。兵败如山倒后,这位首领自缢而亡。朝廷失了国土,只能再派熊廷弼镇守辽东。

熊廷弼再次领命出发。谁知他与辽东巡抚意见不合,辽东巡抚盛气凌人,不肯听从熊廷弼的守城攻略,一味冒进,却受人蒙骗。骄兵必败,他白白将广宁城拱手送人。后金疆域扩大,气得熊廷弼气血倒流。

熊廷弼看见仓皇逃命的辽东巡抚,气极反笑,问他是否如愿以偿。辽东巡抚苦不堪言,只能听从熊廷弼的指挥。熊廷弼不计前嫌,将自己仅有的五千兵马交给辽东巡抚,要他断后保护难民入关。谁知道战败的消息传入京城,言官们不分青红皂白地将熊廷弼与辽东巡抚一概治罪,二人被押往京城听候发落。这极大地伤了忠臣良将们的心。

御史左光斗看到边境的问题越来越严重,直逼京城,于是推荐老成练达的孙承宗督理军务。明熹宗听从意见升孙承宗为兵部尚书,兼东阁大学士,另外派王在晋为辽东经略。王在晋上任后想有一番作为,却被佥事袁崇焕反对,于是和叶向高商量,叶向高决定不了。孙承宗认为王在晋不足以胜任此职位,于是自愿督师。

明熹宗答应并赐给他上方宝剑,亲自为他饯行。孙承宗改良军队,最终不负圣望,兵精粮足,大有一夫当关、万夫莫开的阵势。后金兵见此兵强马壮不敢藐视,辽东动乱得以平复。

天启元年(1621),四川永宁土司奢崇明犯上作乱。因四川守备松弛,各路官员被他们杀死,重庆附近的百姓纷纷逃跑。樊龙等人趁机出兵,攻下多地,震惊整个四川。周边立即响应,日益猖獗。奢崇明自封为王,伪称大梁,设立丞相以及各级官职,挥兵进逼成都。

蜀王朱至澍正愁没有兵马抵御侵袭,正巧朱燮元奉旨来到此地。

蜀王久仰朱燮元的大名，赶忙带着百姓追朱燮元。朱燮元见百姓恳切、可怜，于是率兵慷慨返驾，入城抗击。

朱燮元拼死抵抗。谁知敌人贼心不死，煽动百姓。朱燮元反应迅速，一一查出，将他们斩首示众。最后，保住了城池。

后来，各路援兵及时赶到。石砫宣慰使秦良玉最为骁勇善战，是一个巾帼英雄。

秦良玉是马千乘的妻子。马千乘病死之后，秦良玉因极善谋略，代替他做了统领。奢崇明一直钦佩她，起兵的时候曾想劝降秦良玉。谁知此女软硬不吃，硬是杀出一条血路，带着三千精锐，逆流而上直逼成都。奢崇明父子见援兵赶来，马上拦阻攻城，谁知久攻不下，拖延将近一年。

春节刚过，贼兵攻势松懈下来。一日，敌军突袭，朱燮元亲自上阵指点，打破了贼兵的阵势，并乘势出击，杀退敌军数百里。

奢崇明父子不肯退兵，贼兵将领罗乾象传来消息说，愿意弃暗投明。朱燮元派人请他前来，以礼相待。罗乾象见朱燮元对他袒露心扉，又奉为座上宾，发誓以死相报。朱燮元与他合计捉拿奢崇明父子，谁知没有成功，父子二人在仓促间逃到泸州。成都解围后，罗乾象率兵投奔朝廷，朝廷升他为四川巡抚。之后，大军乘胜攻打重庆，一时间战功赫赫，好不风光。

此时秦良玉与援军合谋击败敌军，又立奇功。重庆百姓对敌军厌恶至极，一时间人人追赶辱骂他们，使其犹如过街老鼠。

这时外忧已除,但内患未解,魏忠贤祸乱朝纲成为众矢之的。大臣们痛恨东厂、西厂肆意残害忠臣良将,纷纷上奏明熹宗要求严惩魏忠贤,还众人一个公道。

> **蔡公曰** 熊廷弼为明季名将,守辽有功,乃为王化贞牵制,致同坐罪,此事为明廷一大失着。盖嫉王化贞,惜熊廷弼,且以见明廷之刑罚不明,贤奸倒置,其亡国之征,所由来也。朱燮元亦一大将材,观其固守成都,卒却悍寇,破吕公车于城下,识罗乾象于寇中,智勇双全,难能可贵。而秦良玉之出身巾帼,远过须眉,尤为明代一人。

魏党盛极必衰

魏忠贤专横跋扈，权倾朝野，残害忠臣，纵容客氏谋害皇嗣。朝中大臣以杨涟为首，早已对他的行为忍无可忍，于是上疏参奏弹劾魏忠贤二十四条大罪，恳请皇帝下令将此人处死，以消众怒。谁知明熹宗第二日并未上朝，于是杨涟默不做声，将此奏折封存照例上交。魏忠贤得知风声后四处哀求，希望有人能替他说话，走投无路后只好到皇帝面前哭诉，并且让客氏为他说情。明熹宗则是不分青红皂白地偏袒魏忠贤与客氏，竟然让人传旨驳斥杨涟。

魏忠贤不肯罢休，故作姿态说要辞去东厂职务。明熹宗不舍，再三劝慰才留住魏忠贤，后来竟为了他罢朝三天，引得群臣激愤。罢朝之后，大臣各自回去拟写奏章，陆续上陈。给事中魏大中、许誉卿，御史刘业、杨玉珂，太常卿胡世赏，祭酒蔡毅中，抚宁侯朱国弼等人先后参劾魏忠贤。他们有的独自递交奏折，有的联名上疏。谁知皇帝一概不理，他们上奏之后并无任何消息。南京兵部尚书陈道亨忠心为民，知道此事后拖着病体上疏慷慨陈词，要求明熹宗近贤臣，远小人，清君侧，断是非。

上奏之路漫漫，没想到到达京城之后招来一顿训斥。陈道亨见此朝堂，决心辞官。大学士叶向高及礼部尚书翁正春请求明熹宗立刻处罚魏忠贤以挽回臣子们的忠心。明熹宗屡教不改，工部侍郎万燝实在看不下去了，于是上奏称：朝廷内外只知魏忠贤不知明熹宗，岂能任由他人酣睡枕侧？

魏忠贤正无处发泄心中怒火，于是命令手下痛打万燝，可怜万燝身体孱弱，没几天就去世了。叶向高目睹当下乱局，心灰意冷，呈上二十多封奏折，求告熹宗称自己想要告老还乡。明熹宗同意了。

叶向高离开后，韩爌升为首辅。他们二人被东林党人所推崇，相继离开后，吏部尚书赵南星被推崇为新的领袖。

魏广微与赵南星是故交好友，但是投靠了魏忠贤。魏忠贤久闻赵南星大名，想要结交他，但赵南星决意与此二人断交。于是，二人怀恨在心，在朝中排挤赵南星。赵南星在朝中将高攀龙、杨涟、左光斗、魏大中等人看作知己，希望能与他们共同辅佐朝政，振兴朝纲。可惜奸臣当道，他们无法一展宏图，只能抱憾终身。

明朝有严格的考核制度，御史崔呈秀贪赃枉法，被赵南星弹劾。谁知崔呈秀竟然认贼作父，投靠魏忠贤，并且为了表明忠心，还提醒魏忠贤早日将赵南星等人铲除，以绝后患。此人与魏忠贤相见恨晚。为了谄媚魏忠贤，他特意编写呈上了《同志录》《天鉴录》两本书。《同志录》写的是东林党，《天鉴录》写的是不愿加入东林党的人。可笑的是，御史王绍徽为了记住那些与他针锋相对的朝臣，特意编写了《点将录》。后来，这本书竟作为魏忠贤贬谪大臣的蓝本。赵南星被弹劾后上奏辞官，圣旨批准，立即将他免官。

在大臣们推选吏部尚书的时候，杨涟没有干预。魏忠贤假传圣旨，责怪杨涟不为陛下出谋划策，大不敬，还污蔑乔允升是赵南星的私党，左光斗与杨涟狼狈为奸，都应该被削官。徐兆魁等三人都曾被赵南星摒弃，转而依附魏忠贤。朝廷大权，尽归魏忠贤之手。

魏忠贤掌握大权之后，将非他羽翼之人视为逆党，大肆屠戮。东厂狱内冤死了许多人。魏忠贤将东林党铲除后，仍旧觉得不满意。如今，中宫之主张皇后与客氏和魏忠贤势不两立，形同水火。魏忠贤屡屡出谋划策诬陷张皇后，但临门一脚总是失利。后来，他想方设法用藩王谋逆来治张皇后的罪。于是，他游说明熹宗巡游，特意派人演了一出刺杀好戏，结果仅仅是淹死两个小太监，吓坏了明熹宗。明熹宗心思淳朴犹如儿童，张皇后见他一病不起，只好四处找人给他医治。

在张皇后的细心照顾下，明熹宗才捡回一条命。直到明熹宗逝世，客氏与魏忠贤都没能真正污蔑到张皇后。

明怀宗朱由检继承大位以后，身边众人开始弹劾魏忠贤。魏忠贤与崔呈秀四处求告无门，无奈之下只能重金贿赂皇上身边的太监，谁知太监去说情却被明怀宗斥责，第二天宫内就传出严旨。明怀宗雷霆震怒，列举魏忠贤的罪状，将他贬黜外地。谁知道刚走到半路，魏忠贤忽然接到京中密报，说是锦衣卫马上就要赶到逮捕他。魏忠贤想到自己必死无疑，于是与干儿子李朝钦抱头痛哭，双双解下腰带，自缢身亡。

明怀宗听到魏忠贤自缢之后，立刻派人查抄他的家产，翻出无数金银珠宝，更是在客氏的私宅里揪出好几名身怀六甲的宫女。原来客氏想用吕不韦与赵姬的方法，拥立一个皇子把持朝政，糊弄明熹宗，其实这些宫女腹中的血脉大多是客氏亲眷的。明怀宗大怒，下令将客氏处死，客氏家族亲眷皆被株连。客氏和魏忠贤伏法之后，他们的小喽啰也被明怀宗下令调查处死。崔呈秀得知明怀宗下旨的时候，叫来府中美妾。看着眼前的金银珠宝，他大肆饮酒作乐，酒足饭饱后将杯盏摔碎，自缢而亡。

一场乳母与假太监兴风作浪祸害前朝宫廷的大戏就此落下帷幕。真可怜那些惨死的忠臣良将，再也无法看到沉冤得雪、真相大白的那一天了。

魏党盛极必衰

蔡公曰 魏忠贤恶贯满盈，中外切齿，但伪恭不及王莽，善诈不及曹操，无拳无勇，职为乱阶，故以年少之崇祯帝，骤登大位，不假手于他人，即行诛殛，可见当日明臣，除杨、左诸人外，大都贪鄙龌龊，毫无廉耻，魏阉得势，即附魏阉，魏阉失势，即劾魏阉。即如杨、左诸人，伉直有余，权变不足，故俱遭陷害；否则如韩琦之治任守忠，杨一清之除刘瑾，捽而去之，尚非难事，何至残善类而残国脉耶？故惟有大材智者乃足以御奸，亦惟有大材智者并足以使诈，惜乎明廷内外之未得其人也。

含冤而死的袁崇焕

怀宗即位，铲除奸害后就开始治国。他任用袁崇焕为兵部尚书，在蓟、辽一带督兵。袁崇焕来到都城，怀宗问起他平辽方略的时候，袁崇焕请求怀宗允许他自由行事，还说如果户部帮忙转运军粮，工部提供器械，吏部善于用人，兵部调兵遣将，内外相应，五年就可以收复全辽。怀宗听完后非常高兴，答应了袁崇焕的所有条件后就回宫休息了。

这时候，怀宗忽然接到福建巡抚熊文灿的奏章，说海盗郑芝龙已经被招降，请他加恩授职。原来熊文灿到任后，就好生抚慰郑芝龙，并承诺归降以后，仍然让他统辖原来占据的地方，变成海防。郑芝龙于是率众投降。郑芝龙归降后，又替熊文灿平了东南一众海盗。

袁崇焕奉命赶赴辽东，修城建堡，置戍屯田，规划了一年多，颇有成效。只是毛文龙镇守东江势大官尊，免不得跋扈难驯，不服袁崇焕的统辖。

袁崇焕早就想除掉毛文龙。正巧毛文龙亲自前来，袁崇焕以礼相待，毛文龙居然也不谦让，还与袁崇焕分庭抗礼，对坐谈天。后来，袁崇焕以阅兵为名，径直来到东江，在双岛停泊战船。毛文龙按照惯例迎接，袁崇焕这次来是准备改编营制，另设监司。毛文龙听后很不高兴，不愿意另行编制。两人没有谈拢，勉勉强强喝了几杯就不欢而散。临别时，袁崇焕与毛文龙约好，第二天在山上检阅将士。

第二天一早，袁崇焕就召集将校，授予密计，率众上山，然后派人催促毛文龙。毛文龙接到催请，匆匆出署。到了半山，袁崇焕还言辞谦和，没想到回到军帐就变了脸色，拿出尚方宝剑将毛文龙斩首了。

袁崇焕整辔下山，安抚毛文龙的部下，又传唤毛文龙的儿子毛承祚前来安慰一番。最后，他留下副将陈继盛，令他辅佐毛承祚镇守东江。

哪知毛文龙有两个义子深受毛文龙的恩惠，见他死得不明不白，就想报仇。二人擅自和后金通好，表示愿做前驱，除掉袁崇焕。皇太极自然恩准，留下二人在江东做内应，自己则率领大军，用蒙古喀尔沁的布尔噶图作为向导，攻入龙井关，又分两路进兵，一路攻打洪山口，一路攻打大安口。后金大军长驱并进，浩浩荡荡地杀到遵化。

明朝廷听到警报，马上从山海关调兵支援遵化。袁崇焕奉命出师，派遣总兵赵率教为先锋，自己率领全军作为后应。没想到赵率教是个莽夫，不顾利害，不辨众寡，单凭一腔忠愤杀入敌兵阵中，被敌军围困。三屯营的守将朱国彦因担心敌兵混入，紧闭营门，拒绝援应赵率教。赵率教进退无路，当即殉国，全军覆没。敌兵乘胜扑营，朱国彦知道守不住，与妻子张氏悬梁自尽。

三屯营失守后，遵化被围攻。巡抚王元雅率领保定推官李献明、永平推官何天球、遵化知县徐泽、前任知县武起潜等人临城死守，支撑了好几天。怎奈敌兵势大，援兵久久不至，只好眼睁睁看着城池陷落，众位将士相继阵亡。

明朝廷听说遵化失守，惊慌得不得了，立即召用孙承宗督兵御敌。孙承宗奉诏后，立即率领二十七名骑兵驰入通州城，与保定巡抚解经传、总兵杨国栋等人修缮城池，共同抵御。但各路兵马见到敌人后统统畏缩不前，甚至半途溃散。皇太极连破蓟州、三河、顺义，直扑大明京城。

幸亏袁崇焕派总兵满桂前来支援，在德胜门扎下大营。他率领五千骑兵与后金兵交锋，战了半天，不分胜负。

含冤而死的袁崇焕

袁崇焕亲率大军，带着总兵祖大寿、何可纲等人前来保卫京城。怀宗大喜，立即召见。袁崇焕请求入城屯兵，怀宗没有答应。袁崇焕只好在沙河门外驻扎下来，与敌兵遥遥相对，并暗中在营外布下伏兵，防备敌兵劫营。他审时度势，选中都城东南角上的一处险地，据险为营，竖起栅栏，与敌兵相持起来。

如此相持几天，袁崇焕忽然接到圣旨，命他入朝进见。袁崇焕应旨前去，谁知怀宗竟然换了一副脸色，责怪他擅杀毛文龙，援兵逗留。袁崇焕正想争辩，却被怀宗喝住，让锦衣卫将他押入大牢。

袁崇焕被捕入狱，正中皇太极的反间计。原来袁崇焕巡抚辽东时，曾与后金互通使节，有意议和。此次敌兵来到京城，放出谣言，说是袁崇焕让他们进攻北京，胁迫明朝廷议和。怀宗心中不免怀疑，后来杨姓太监又对怀宗说袁崇焕已经与敌人偷偷订好和约，就要达成城下之盟了。怀宗立刻把袁崇焕关入大牢。最后，袁崇焕被处以极刑，含冤而死。

> **蔡公曰** 崇焕为明季将材，诱杀毛文龙，固近专擅，然文龙亦非足恃之人，盘踞东江，虚张声势，安保其始终不贰乎？且满兵西入，京畿大震，崇焕奉旨派兵，随即亲自入卫，不可谓非忠勇之臣。而怀宗临阵易将，犹且不可，况以千里勤王之良将，而骤遭械系乎？制全辽有余，杜众口不足，我闻崇焕言而不禁太息矣！

闯王势不可当

明朝的昏庸皇帝把烂摊子留给朱由检来收拾，但皇帝无能，内阁也没有能力来辅佐皇帝。大明此时已是暴风雨来临前的宁静，各种农民起义接二连三，朝政内部贪污腐败。

崇祯四年（1631），李自成投奔"闯王"高迎祥，不久就获得高迎祥的信任，成为他的左膀右臂，被称为"闯将"。一王一将，二人辗转攻入河南。李自成虽是高迎祥的部下，但已经自领一军，名声与高迎祥和张献忠并驾齐驱，是起义军的三大主力之一。

崇祯六年（1633），明朝官兵把十几万起义军围困住，本来可以一举歼灭，可他们却轻信了张献忠、李自成、高迎祥等人的诈降。张、李、高可谓"识时务者为俊杰"，而且明白明军主张的招安策略背后的弱点。

张、李等人用钱财贿赂官员，又答应了明军的要求，放下武器不再攻伐。明朝官员便答应了张献忠等人的投降。但在明军放松警惕的同时，张献忠来了一招兵不厌诈，和李自成等起义军首脑带着十多万大军，从明军的眼皮子底下跑了。

崇祯七年（1634），五省总督陈奇瑜再次将李自成、张献忠等人围困在车厢峡。本来这次能够再次一举拿下，但张献忠眼看局势不妙，再次举起双手投降，陈奇瑜也相信了他们的投降。

这次依旧是张、李等人的诡计。此次诈降之后，李自成提出"分兵定向，四路攻占，突破明兵"的策略。张、李军队攻下明朝中都凤阳，挖了明皇室的祖坟，杀死了六十来个太监。因为抢夺俘虏和乐器等问题，李自成和张献忠在此时结下仇恨，二人分兵，一人西去，一人东走。

崇祯九年（1636），高迎祥被新任的五省总督卢象昇包围。他死里逃生，却在黑水峪战败，死在新任陕西巡抚孙传庭的手下。得到高迎祥死亡消息的起义军，悲愤欲绝。高迎祥残部投奔李自成，并推李自成为新的闯王。

崇祯十年（1637），内阁大学士杨嗣昌提出"十面埋伏"的计策，还推荐悍将左良玉前来镇压农民起义。李自成多次兵败，左良玉甚至大创张献忠，还狠狠地给了张献忠一刀。自知情况不对的张献忠赶忙投降。由于张献忠三番两次的假降，左良玉对极其不屑。

此时有一位名为熊文灿的广东巡抚，每日就是在沿海地区打盗贼，再把此地的特产珠宝献给朝中大臣，以此结交高官。他的小日子过得也算充实快乐。朱由检注意到了这位巡抚，所以派人暗中调查他。

熊文灿不知情，以为就是上面的领导派人下来勘察一下情况，就好酒好菜招呼这位中央派来的宦官。这位宦官在明朝过够了紧巴巴的日子，哪见过这么大阵仗。两人一番酒肉穿肠过，宦官就和熊文灿提了一嘴农民起义的事。

熊文灿一番豪言壮志，大概意思就是那群大臣武将，没一个行的，倒不如让他来打。这让此行的宦官更加激动，他亮出来意，说道："陛下派我来这里的目的就是来考察你，没想到你有勇有胆，是当世之才，一定能够镇压此次起义。"

熊文灿没想到自己只是吹牛，却来了个重担，万般推辞之下还是无奈接下圣旨。被寄予厚望的熊文灿过不了多久，就要披盔戴甲抵达战场了。

熊文灿清楚自己不是当大将军的料，他以安抚为主的策略，反而被张献忠看出漏洞。建功心切的熊文灿面对投降的张献忠自然是同意的。无论左良玉再怎么不肯，他也只是一名将领，敌不过新任统帅熊文灿。

一边有起义，一边有清军攻围，杨嗣昌、高起潜揣摩圣意，主张和清议和。得知消息的兵部尚书卢象昇破口大骂，力主开战。

崇祯十一年（1638），卢象昇奉命领兵进入巨鹿贾庄，高起潜统领数万将士驻扎在距贾庄不到五十公里的鸡泽。尽管如此，面对卢象昇的请求支援，高起潜仍毫不理睬。即使如此，在后来的战斗中，卢象昇也没有怯战，驾马冲锋陷阵，最终壮烈牺牲。

清军长驱直入，进攻高阳。抗清干将孙承宗虽此时赋闲在家，但依旧宝刀未老，率领全城军民拼死抵抗，城破被捕，最终自尽而亡。

崇祯十二年（1639），本来身受重伤的张献忠此时早已养精蓄锐完毕，再次发兵反叛明朝。明军连续一年的追击，使他的妻妾落入左良玉手中，还被杀掉了。

另一边的李自成突破重重围攻。崇祯十三年（1640），就在明军的注意力都在围剿潜伏四川的张献忠时，李自成入河南，攻洛阳，杀

闯王势不可当

福王朱常洵，还收留了大量饥民，开仓放粮。他还提出"均田免赋"等政策，顺应了民心，因此一呼百应，队伍不断壮大。

崇祯十四年（1641），有了第一次的成功，加上后面的两次攻围，让李自成完全拿下河南。攻下洛阳之后，李自成开始进攻开封。挖地道行不通，还会给明军充分的时间派援兵。于是李自成立即撤出开封，接连攻下开封附近的城池。越来越多的农民军加入，李自成的队伍迅速扩张。

李自成尽数拿下开封附近的城池。开封城内粮食断绝，人人饥困交迫。无奈之下，巡抚准备掘开朱家口的黄河堤坝，淹没李自成的大军。

李自成打听到消息，抢先一步掘开堤坝，黄河水滔滔不绝，不仅淹没了明军，甚至淹死了自家军队的人。攻陷开封后，李自成再次横扫河南，势不可当。远在北京的崇祯帝极其惊讶闯王李自成的勇猛，即使派出孙传庭前去镇压，最终还是兵败而归。

　　崇祯皇帝在皇宫里急得满头大汗，大喊："开战，快开战！"送情报的小兵和明军统帅一脸震惊、想阻止的样子。

　　自此河南陷落。与此同时，皇太极想要攻下中原地区，首先就必须攻克锦州。

　　清军进攻，明军节节败退，连忙快马加鞭请求崇祯帝援助。虽有十五万大军，但崇祯帝过于心急，即使在明军统帅告知崇祯帝皇太极极其谨慎且步步为营，局势对明军不利的情况下，他仍旧一意孤行，命明军统帅尽快开战。

　　明军统帅无奈，被迫与清军激战，虽险胜一局，但情况极其不妙。皇太极立马调整作战计划，想尽一切办法断绝明军的粮道。加之明朝官吏克扣贪污粮食，还有内部君臣的矛盾，各种内忧外患使得清军一举攻下锦州。

> **蔡公曰** 闯、献非有奇材异能，不过因饥煽乱，啸聚为患耳。假令得良将以讨伐之，则其势可扑；其弱可擒；其衅可间。虽百闯、献，不难立灭。乃献忠屡降而不之诛，李闯屡败而不之掩，一误于陈奇瑜，再误于熊文灿，三误于杨嗣昌，而闯、献横行，大局乃瓦解矣。

王朝终结

另一边，李自成占领山西宁武关之后，原本想要退回西安，再做打算。但就在此时，李自成接到了大同总兵姜瓖、宣府总兵王承允的降表。

那大同、宣府都是拱卫京城的战略要地，兵多将广，李自成原本没有信心攻克这两个地方，但现在当地守将居然主动投降，李自成自然喜出望外，于是改变了主意，决定直接进攻京城。

李自成率领大军，先到宣府纳降，然后从宣府直接奔向居庸关。居庸关守将见李自成来势汹汹，竟然也投降了。李自成长驱直入，一举攻陷昌平。

得知李自成攻陷昌平，明怀宗命令太监曹化淳募兵守卫京城，并让朝廷里那些达官贵人捐献金银，充当军费。可达官贵人们不愿意出钱，只是象征性地捐献了一些金银。那些金银又被曹化淳贪污了不少，到最后，守城军民每人只能拿到一百钱，还不管饭。

事实上，曹化淳本来就没打算守城，他命令手下对城外的李自成军队放空炮，还阻止兵部尚书张缙到前线巡视。张缙本想把前线的情况告诉明怀宗，却被曹化淳的部下拦住了。

明怀宗本想御驾亲征，但还没有出发，便接到消息——曹化淳打开城门，将李自成的军队迎到了城中。明怀宗万念俱灰，自杀殉国，明朝从此覆灭。从洪武元年（1368）到崇祯十七年（1644），明朝共有十六个皇帝，历十二世，共二百七十七年。

李自成进入北京城后，拷打达官贵人，让他们献出金银，不愿意主动献的就抄家，最后，从他们家中抄出了巨额财富。例如周奎，从他家抄出现银五十二万两，其他珍宝也值几十万两；又如王之心，在他家抄出现银十五万两，还有价值几十万两的珍巧玩物。

正当李自成以为自己坐稳江山时，传来消息——明朝总兵吴三桂统兵坚守山海关，拒绝投降。

原来，吴三桂负责守卫山海关，本职工作是抵挡清军。但他听说李自成攻破北京城后，便与清军联合起来，抗拒李自成。

李自成率军攻打山海关，但在吴三桂和清军的合力进攻之下，李自成抵挡不住，退守北京，继而又弃城而逃。

吴三桂与清军进入北京城后，清军势大，因而占据了主动，从那时起，清朝便取代了明朝，七岁的顺治皇帝来到京城，成为新君，多尔衮被封为摄政王，吴三桂被封为平西王。

随后，清军继续讨伐李自成，清靖远大将军阿济格、定国大将军多铎分别率领吴三桂、孔有德等人两路夹攻，彻底打败了李自成。

当时，清朝只是占据了北方，在江南，明朝凤阳总督马士英联合高杰、刘泽清、黄得功、刘良佐四位总兵，准备拥戴福王朱由崧成为新的皇帝。但明朝南京兵部尚书史可法却认为，朱由崧是个昏庸之辈，不适合当皇帝，建议让潞王当皇帝。双方争执不下，最终，马士英凭借自己的军事实力，强行将福王朱由崧推上帝位。历史上，将朱由崧建立的政权称为"南明"，称朱由崧为"弘光帝"。

正如史可法所说，朱由崧的确是个昏庸之辈，骄奢淫逸，完全不会治理国家。清朝在稳定了北方之后，开始进攻江南地区，南明根本抵挡不住。史可法率兵在扬州拼死抵抗，也未能阻止清军南下的脚步。

清军攻破扬州后，实施了屠城政策。随后，清军便开始进攻南京。朱由崧听说清朝军队打了过来，立刻带着妃子们逃跑。跑到半路，一个叫田雄的总兵叛变，将朱由崧抓了起来，交给了清军。一年后，朱由崧被杀，江南地区完全落入清朝手中。

之后，虽然潞王、鲁王、唐王等明朝王室后人都想复国，但大明朝终究大势已去，都没有掀起什么风浪。倒是明朝将领郑成功，从荷兰人手中夺回台湾，以此为根基，坚称自己是明朝子民，与清军对抗。郑成功死后，他的儿子郑经继承了他的位置，后来台湾被清朝攻破。

大明朝的最后一丝余晖，也就此黯淡了。

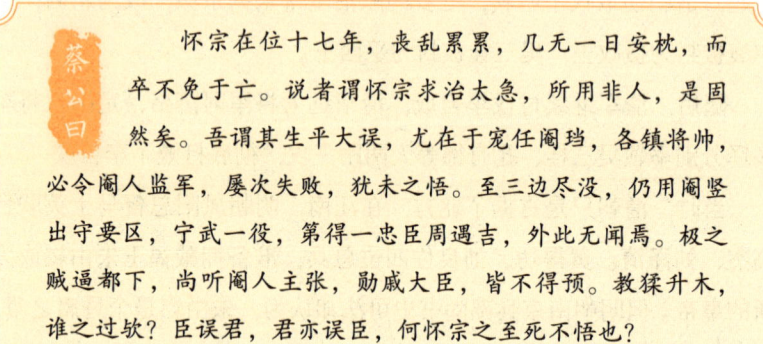

> **蔡公曰** 怀宗在位十七年，丧乱累累，几无一日安枕，而卒不免于亡。说者谓怀宗求治太急，所用非人，是固然矣。吾谓其生平大误，尤在于宠任阉珰，各镇将帅，必令阉人监军，屡次失败，犹未之悟。至三边尽没，仍用阉竖出守要区，宁武一役，第得一忠臣周遇吉，外此无闻焉。极之贼逼都下，尚听阉人主张，勋戚大臣，皆不得预。教猱升木，谁之过欤？臣误君，君亦误臣，何怀宗之至死不悟也？